W0339785

Ein Dorling-Kindersley-Buch

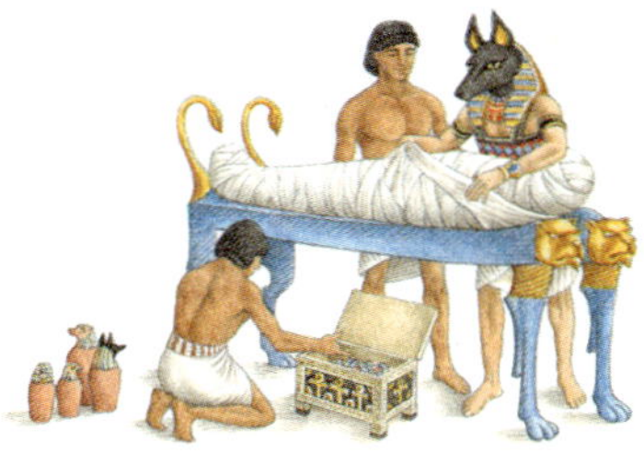

Redaktion der Originalausgabe:
Lester Cheeseman, Jacquie Gulliver,
Fran Jones und Susan Peach
Fachberatung: David Anderson (History Department,
University of London)
Penny Bateman, George Hart, Simon James,
Jane Portall und Jill Varndell (British Museum, London)
Lucy Anne Bishop und Keith Nicklin
(The Horniman Museum, London)
Stephanie Haygarth (Australian Institute of Aboriginal
and Torres Strait Islander Studies, Canberra)
Robert Layton (Department of Anthropology,
University of Durham)
John Marr (Bhavan Institute of Indian Culture, London)
Carl Phillips (Institute of Archaeology, London)

98 97 96 95 94   5 4 3 2 1

© 1994 für die deutsche Ausgabe
arsEdition, München
Aus dem Englischen von Werner Horwath
und Dr. Karl-Heinz Ludwig
Titel der Originalausgabe:
»The Atlas of Ancient Worlds«
© 1994 Dorling Kindersley Ltd., London
Umschlaggestaltung: Atelier Langenfass, Ismaning
Alle Rechte vorbehalten
Printed in Italy

ISBN 3-7607-4631-4

In dieser Reihe sind bereits erschienen:

Bildatlas der Dinosaurier
Bildatlas der Entdeckungen
Bildatlas des Körpers
Bildatlas der Tiere
Bildatlas der Vögel
Bildatlas der Welt
Bildatlas des Weltalls

Weitere Titel in Vorbereitung

Die Deutsche Bibliothek – CIP-Einheitsaufnahme
Bildatlas der alten Kulturen : entdecken, vergleichen, Wissen erweitern /
Anne Millard. Ill. von Russell Barnett. [Aus dem Engl. von Werner Horwath]. –
München : Ard-Ed., 1994 Einheitssacht.: Atlas of ancient worlds <dt.>
ISBN 3-7607-4631-4
NE: Millard, Anne; Barnett, Russell; Horwath, Werner [Übers.]; EST

Inhalt

Die Darstellung der Vergangenheit

Dieser Atlas berichtet vom Leben der Menschen der Alten Welt. Er zeigt, wo die ersten Hochkulturen lagen und wie sie sich aufgrund unterschiedlicher äußerer Bedingungen entwikkelten. Das Buch beginnt mit den dichtbevölkerten Städten Sumers um 3500 v. Chr. im Nahen Osten und endet mit den Inkas um 1500 n. Chr. in den hohen Anden. Alle Völker, von denen in diesem Buch die Rede ist, haben ihren Beitrag zur Geschichte der Menschheit geliefert, jedes auf seine Weise. So errichteten die Ägypter gewaltige Pyramiden als Grabanlagen, die Chinesen machten eine Reihe bedeutender Erfindungen, die Römer stellten riesige Heere auf, und den Griechen verdanken wir unser Theater und die Olympischen Spiele.

Zivilisationen und Kulturen

Der vorliegende Atlas beschäftigt sich mit vielen verschiedenen Völkern und Zivilisationen. Der Begriff »Zivilisation« bezeichnet eine Gruppe von Menschen, die ein hohes Maß sozialer Organisation mit einem großen Anteil städtischer Bevölkerung sowie effiziente landwirtschaftliche Methoden entwickelt haben. Sie besaßen ein Schriftsystem und einen Verwaltungsapparat. Ihren Göttern und Herrschern errichteten sie große Baudenkmäler. Der Begriff »Kultur« dagegen hat eine umfassendere Bedeutung. Er schließt auch Völker ein, die keine Schrift kannten oder – wie die Aborigines Australiens – nicht in Städten wohnten und dennoch eine reiche, eigenständige Kultur entwickelt haben.

Dieses Wandgemälde stammt aus einem ägyptischen Grab. Es zeigt einige der Methoden, wie durch systematische Landwirtschaft jener Wohlstand geschaffen werden kann, der für die Entwicklung einer Hochkultur notwendig ist. Das Grab wurde um 1290 v. Chr. für Sennedjem gebaut, einem der Arbeiter, der die Pharaonengräber ausschmückte.

Viele alte Kulturen hatten für bestimmte Dinge zuständige Gottheiten. Die Ägypter errichteten ihren Göttern riesige, reich verzierte Tempel. Einige dieser Götter sind hier dargestellt.

Sobald die Menschen nicht mehr ihre ganze Zeit dem Nahrungserwerb widmen mußten, konnten sie neue Fertigkeiten entwickeln. Dieser Handwerker bearbeitet einen hölzernen Sarg.

Die Handwerker verwendeten oft importierte Materialien wie bestimmte Hölzer, Silber oder Elfenbein.

Schrift ist eine kulturelle Errungenschaft. Die Ägypter benutzten Hieroglyphen für private und amtliche Aufzeichnungen.

Die ersten Hochkulturen entwikkelten sich in fruchtbaren Tälern großer Flüsse. Das Wasser des Nil wurde auf die Felder geleitet, wodurch die Ernteerträge so gesteigert wurden, daß eine wachsende Bevölkerung ernährt werden konnte.

Die Gebäude der ältesten Städte der Welt waren mit Ziegeln aus Flußschlamm erbaut.

Gezähmte Tiere erleichterten die Arbeit alter Völker. Rinder zogen die Pflüge, mit denen der Boden für die neue Saat vorbereitet wurde.

Die ägyptischen Bauern waren so erfolgreich, daß sie eine Vielfalt von Früchten anbauen konnten, darunter auch Dattelpalmen.

Die gesellschaftliche Entwicklung machte manche Menschen wohlhabend. Sie konnten sich feine Leinengewänder leisten, die aus solchem Flachs gewebt waren.

Die Erfindung von Werkzeugen half den Bauern, ihre Erträge zu steigern. Die Sicheln aus Feuerstein, mit denen die Arbeiter die Ähren abschnitten, hatten Holzgriffe.

Diese Figur stellt einen griechischen Krieger der Eisenzeit dar.

Daten und Perioden

In diesem Buch finden sich immer wieder Hinweise auf die Steinzeit, die Bronzezeit und die Eisenzeit. Diese Periodisierung basiert auf der Art der Werkzeuge und Waffen der betreffenden Kultur. Sie ist keine zeitliche Einteilung mit weltweiter Gültigkeit. Die Bronzezeit begann im Nahen Osten z. B. Hunderte von Jahren früher als in China. Daneben finden sich Datierungen auf der Grundlage der christlichen Zeitrechnung. So geben die Zahlen hinter Herrschernamen wie dem des Königs Dareios I. (522-486 v. Chr.) dessen Regierungszeit an. Die Angaben sind zudem unterteilt in jene vor Christi Geburt (v. Chr.) und jene nach Christi Geburt (n. Chr.). Ist kein genaues Datum bekannt, so heißt es z. B. *um* 1200 v. Chr.

Die Chinesische Mauer wurde errichtet, um China vor Invasoren aus dem Norden zu schützen. Gebirgszüge oder Flüsse bildeten natürliche Grenzen zwischen den Staaten.

Wandel der Landschaft

Viele Gegenden sehen heute nicht mehr so aus, wie sie in diesem Buch dargestellt sind. Im Laufe der Jahrtausende ändern die Flüsse ihren Lauf, entstehen neue Inseln und wandelt sich der Verlauf der Küsten. So liegt die Stadt Ephesos, einst unmittelbar an der Mittelmeerküste gelegen, infolge von Versandung heute weiter im Innern. Aber auch der Mensch kann die Landschaft verändern. Die dichten Wälder Europas wurden größtenteils zum Verbrennen und Bauen abgeholzt. Selbst der Nordrand der Sahara war vor der übermäßigen Nutzung des Bodens fruchtbar genug, um Rom mit Getreide zu versorgen.

Zum Gebrauch dieses Atlasses

Jede Karte ist einer anderen Kultur gewidmet. Die unten abgebildete Karte ist die des Römischen Reiches. Auf jeder Karte sind die wichtigsten Siedlungen, Städte und Handelswege der damaligen Zeit eingetragen. Kleine Szenen des täglichen Lebens finden sich so nahe wie möglich an der Stelle, wo sie sich zugetragen haben. Die Karten zeigen auch Wüsten, Gebirge, Seen, Wälder und Sümpfe, welche die Lebensweise der Menschen prägten.

Angrenzende Gebiete

Die Gebiete, die auf der Karte gelb unterlegt sind, gehören nicht zum dargestellten Kulturraum. Sie zeigen die Länder und möglichen Feinde außerhalb seiner Grenzen.

Hervorhebungen

Auf vielen Seiten finden sich Illustrationen, die spezielle Elemente veranschaulichen. Diese Zeichnung zeigt die Anlage eines römischen Militärlagers. Andere Bilder können das Innere eines Hauses, eine Straßenszene oder die Anlage einer Stadt vor Augen führen.

Lage auf der Erde

Jede Doppelseite enthält oben links einen Globus. Die rot markierte Fläche zeigt die Lage der beschriebenen Kultur auf der Welt.

Legende

Die Lage eines Ortes oder einer Stadt wird mit einem roten Punkt neben dem Namen angegeben.

Hat ein Ort heute einen anderen Namen, steht er oft in Klammern darunter.

Zeichensymbole wie dieses markieren die Lage antiker Stätten oder Bauwerke.

Expansion eines Reiches

Auf einigen Seiten gibt es kleine Zusatzkarten. Sie zeigen die allmähliche Expansion des auf der Hauptkarte dargestellten Reiches. Die unterschiedlichen Farbschattierungen und Daten geben an, wann das betreffende Gebiet erobert wurde.

Maßstab

Mit Hilfe dieses Maßstabes läßt sich die Größe des dargestellten Gebietes, die Länge einer antiken Staße oder die Entfernung zwischen zwei Orten ausrechnen. Nicht alle Karten sind im selben Maßstab gezeichnet.

Einzelszenen

Jede Karte enthält Einzelszenen, die zeigen, wie die Menschen damals ihre Zeit verbrachten – kämpfend, arbeitend, spielend oder zu ihren Göttern betend. Jede Szene, wie diese Seeschlacht, ist so nah wie möglich an der Stelle eingefügt, wo sie sich zugetragen hat.

Die Welt aus der Sicht der Antike

Die Karten in diesem Buch basieren auf modernen kartographischen Techniken. Früher konnten die Menschen jeweils nur den ihnen bekannten Teil der Erde darstellen. Unbekannte Gebiete zeigte man oft voller schrecklicher Wesen. Dabei zeichneten sie die Gebiete, die ihnen besonders wichtig erschienen, in den oberen Kartenbereich. Das Bild, das sich viele Völker von der Welt machten, war geprägt von ihren religiösen Überzeugungen und Schöpfungsmythen. Die alten Indianer beispielsweise glaubten, die Erde ruhe auf dem Rücken einer riesigen Wasserschildkröte.

Diese Zeichnung beruht auf einer römischen Weltkarte aus dem 1. Jh. v. Chr. Sie zeigt, daß der Kartenzeichner annahm, das Römische Reich umfasse nahezu den gesamten Erdkreis. Er setzte Rom in die Mitte, Asien nach oben, Afrika nach rechts und Europa nach links.

Der arabische Geograph al-Idrisi schuf diese Weltkarte um 1154 n. Chr. Anders als die Römer setzten die Araber gern den Süden nach oben.

Die Siedlungsräume der Alten Welt

Vor vielen Tausend Jahren durchstreiften die Menschen die Welt auf der Nahrungssuche. Sie fanden Schutz in Höhlen oder bauten sich Zelte aus Tierhäuten. Sie jagten wilde Tiere und sammelten Früchte, Nüsse oder Gemüse – je nachdem, was es gerade gab. Doch um etwa 10 000 v. Chr. begannen in jenem Gebiet des Nahen Ostens, das man den »Fruchtbaren Halbmond« nennt, die ersten Menschen mit dem Ackerbau. Von hier aus breitete er sich allmählich über ganz Europa aus. Unabhängig davon hat sich der Ackerbau auch in anderen Teilen der Welt entwickelt, so in Amerika, Afrika und im Fernen Osten. Die Landwirtschaft ermöglichte es den Menschen, ihre Versorgung mit Nahrung zu sichern. Erstmals konnten sie das ganze Jahr über am selben Ort bleiben; Dörfer und Städte begannen sich zu entwickeln.

Um 3500 v. Chr. – die Zeit, mit der dieses Buch beginnt – begannen die Völker seßhaft zu werden. Bald darauf entwickelte sich auch schon Sumer – im Zweistromland zwischen Euphrat und Tigris, im heutigen Irak. Im Laufe der nächsten 5000 Jahre – jenes Zeitraums, den das vorliegende Buch umspannt – entwickelten sich die auf der untenstehenden Karte eingetragenen Kulturen.

Dieses Foto zeigt das fruchtbare Land und Häuser aus Lehmziegel am Fluß Tigris im heutigen Irak.

Flußtäler

Es ist kein Zufall, daß die ersten Hochkulturen – Sumer, Ägypten, China und die Indus-Kultur – im Bereich großer Flüsse entstanden. Die Flüsse lieferten Wasser für die Felder, ermöglichten den Transport schwerer Baumaterialien und waren Handelsrouten. Mit steigendem Wohlstand wuchs auch die Bevölkerung. Die Bauern produzierten so viele Nahrungsmittel, daß die Menschen Zeit hatten für die Entwicklung spezieller Fertigkeiten: Sie wurden Töpfer, Weber, Schmiede und Baumeister.

Die Völker der Alten Welt

Die auf den Karten dieser Doppelseite gezeichneten Figuren stehen für alle Völker der Alten Welt, von denen das vorliegende Buch handelt. Sie lebten jedoch nicht alle zur selben Zeit. Der ungefähre Zeitraum, in dem die einzelnen Kulturen ihre Blütezeit hatten, ist daher jeweils unter dem Namen der Völker angegeben. Die Detailkarte rechts zeigt einen vergrößerten Ausschnitt des östlichen Mittelmeergebietes des »Fruchtbaren Halbmonds«. Hier hatten sich auf verhältnismäßig engem Raum zahlreiche unterschiedliche Kulturen entwickelt.

Dieses Relief aus Rom zeigt das römische Heer auf dem Marsch. Das Streben nach Macht, Reichtum und sicheren Grenzen war der Grund dafür, daß viele Völker ihre Nachbarn unterwarfen oder in andere Gebiete zogen und sich dort niederließen.

Wanderungen

Die auf der Karte gezeigten Völker blieben nicht immer in denselben Gebieten. Sie wanderten aus Not oder freiwillig aus oder wurden vertrieben. Frühe Bauern wie die Mayas in Mittelamerika mußten alle paar Jahre weiterziehen, weil der Boden nicht mehr genügend Nährstoffe enthielt. Die griechischen Stadtstaaten wuchsen so rasch, daß ein Teil der Bevölkerung auswandern mußte, wobei sie sich ihre traditionelle Lebensweise und Kultur bewahrten. Die Israeliten wiederum wurden aus ihrem Land vertrieben und mußten in Babylon als Sklaven arbeiten.

Die Lösung der Rätsel aus der Vergangenheit

Dieses Buch enthält eine Fülle erstaunlicher Einzelheiten über Völker, die vor Tausenden von Jahren gelebt haben. Doch wie konnten die Historiker all diese Informationen zusammentragen und herausfinden, wie die Bauwerke damals aussahen, was für Kleider die Menschen trugen, mit wem sie Handel trieben und was sie auf ihren Feldern anbauten?
Leute, welche die Lebensweise alter Völker anhand der Überreste von Bauwerken und Gegenständen, die sie herstellten, erforschen, nennt man Archäologen. Zusammen mit schriftlichen Überlieferungen bilden diese Dinge die Grundlage fast unseres gesamten Wissens über die Vergangenheit. Manchmal haben die Archäologen Glück und finden noch weitgehend erhaltene Baudenkmäler wie das Kolosseum in Rom. Meist müssen sie jedoch Grabungen vornehmen, um Mauern und andere Objekte zu finden. Münzen oder Tonscherben auf der Oberfläche sind oft ein Hinweis auf darunterliegende Fundstellen. Manches wird auch rein zufällig entdeckt. Die lebensgroßen Krieger einer Terrakotta-Armee in China beispielsweise wurden gefunden, als Arbeiter einen Brunnen graben wollten.

Diese Karte zeigt Fundstätten griechischer Keramik. Funde wie diese liefern Archäologen wertvolle Informationen über alte Handelsrouten. Die Forscher können herausfinden, woher die Keramiken stammen, indem sie die Farbe des Tons mit einer speziellen Farbskala der Böden vergleichen.

Materielle Zeugnisse

Archäologen entschlüsseln die Vergangenheit anhand von Gegenständen, die zurückgelassen wurden. Dazu gehören Grabbeigaben wie die Möbel, der Goldschmuck und die Musikinstrumente der Königsgräber von Ur. Steinreliefs assyrischer oder persischer Paläste geben Aufschluß über das Leben bei Hofe. Münzen tragen oft Namen und Daten von Herrschern und können zur Datierung der Fundstelle dienen. Durch die Untersuchung von Küchenabfällen lassen sich die damaligen Nahrungsgewohnheiten herausfinden.

Keramikverzierungen berichten uns vom Leben in alten Zeiten und zeigen, welche Kleidung die Menschen trugen. Diese griechische Vase stellt die Olivenernte dar.

Schriftliche Zeugnisse

Manchmal stehen Archäologen auch schriftliche Zeugnisse zur Verfügung. Wenn eine alte Kultur über ein Schriftsystem verfügte – und das Material, auf dem sie schrieben, die Zeit überdauert hat (z. B. Stein oder Tontafeln) – können die Forscher etwas über Denken und Glauben der Menschen herausfinden. Sie können auch Informationen gewinnen wie Namen, Daten und Listen von Tributabgaben. Allerdings sind die meisten alten Sprachen – außer Latein, Griechisch und Chinesisch – heute unbekannt. Die Wissenschaftler müssen sie erst entziffern – wie die Hieroglyphen der Mayas, die erst vor kurzem entschlüsselt wurden.

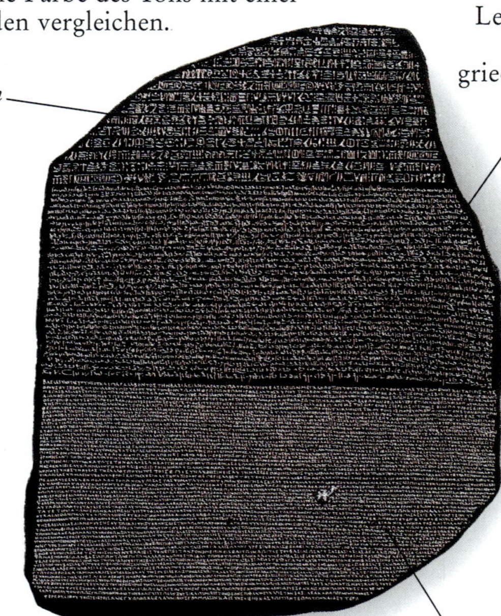

Der Stein von Rosette, 1798 von J.-F. Champillon, einem Offizier der napoleonischen Armee in Ägypten gefunden, war der Schlüssel zur Entzifferung der ägyptischen Hieroglyphen. Derselbe Text findet sich in drei verschiedenen Schriften darauf: in Hieroglyphen sowie in demotischen und griechischen Zeichen. Rechts steht der Name Ptolemäus in allen drei Schriften. Seine Entzifferung war der erste Schritt zur Entzifferung der Hieroglyphen.

Hieroglyphen

Demotische Schrift

Griechische Schrift

Rekonstruktion eines Holzgebäudes

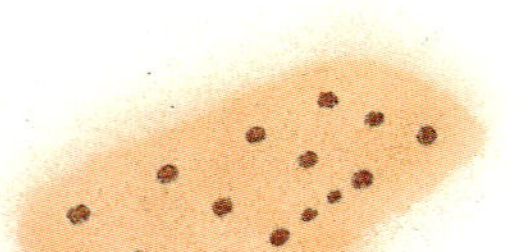

Dunkle Stellen im Boden können von vermoderten Holzpfählen stammen.

Die Tiefe des Loches kann die Länge der Pfähle verraten. Diese wiederum läßt auf die Höhe der Wände schließen.

Andere Überreste erlauben die Ergänzung von Details wie Flechtwerk oder Lehmputz.

Gebaut für die Ewigkeit

Häuser wurden stets aus den Materialien errichtet, die gerade zur Verfügung standen, ob Schilf und Schlamm wie in Sumer oder Holz wie in Nordeuropa. Meist kümmerte es ihre Bewohner wenig, ob die Häuser sie überdauerten. Doch die Gebäude für ihre Götter schufen sie für die Ewigkeit. Tempel wie die Ägyptens oder Mexikos sind daher aus Stein. In Sumer, wo es keine Steine gab, nahm man in der Sonne hartgebackene Ziegel. Blieben also viele beeindruckende Bauwerke bis heute erhalten, so ist von den meisten Wohnhäusern kaum mehr etwas vorhanden. Doch manchmal gibt es noch Spuren, aus denen man sie rekonstruieren kann.

Dieser Maya-Tempel wurde 1952 bei Palenque in Mexiko entdeckt. Überwuchert vom tropischen Regenwald hat er die Zeiten überdauert.

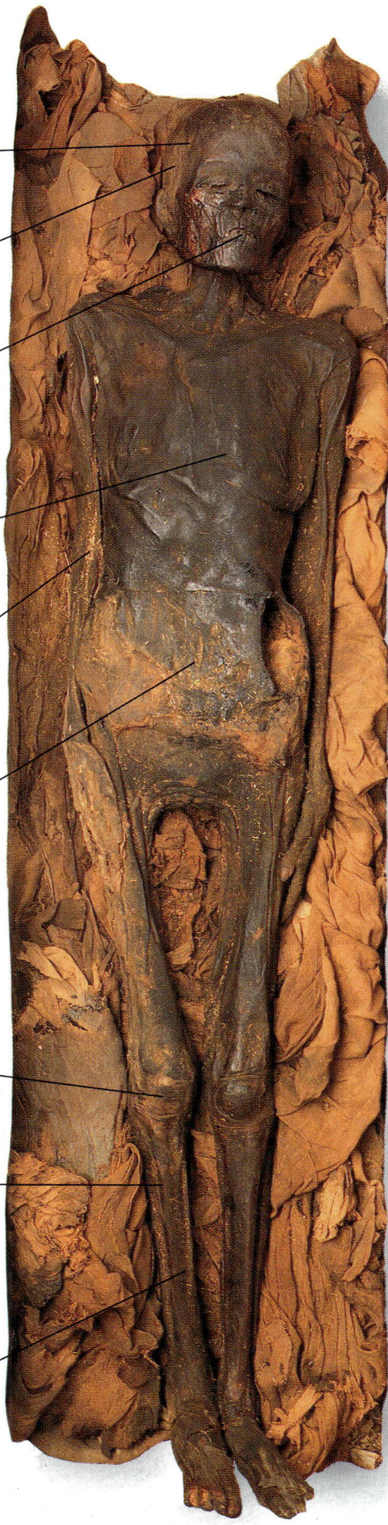

Die Ägypter haben ihre Verstorbenen mit viel Aufwand konserviert. Die Abbildung links zeigt eine ausgewickelte weibliche Mumie. Sie datiert aus der Zeit von 600 v. Chr. Obwohl einige innere Organe entfernt wurden, können die Forscher noch immer viel über ihren Gesundheitszustand und ihre Lebensweise herausfinden.

Natürliche Konservierung

Unter bestimmten Bedingungen können sich Dinge länger halten als gewöhnlich. So bewahrte die trockene Hitze Ägyptens Mumien und Grabbeigaben vor dem Verfall. In den Alpen wurde im Gletschereis eine 5000 Jahre alte Leiche gefunden! Auch Salzwasser konserviert, wie bei einem mykenischen Schiff, das vor der griechischen Küste gesunken war. Ein Glücksfall für die Archäologen aber war das Unglück aus dem Jahre 79 n. Chr., als durch den Ausbruch des Vesuv ganze Städte unter Lava und Asche versanken und so vollständig für die Nachwelt erhalten wurden.

Gesichtszüge

Dank der Technik der Mumifizierung können wir heute ins Antlitz von Menschen des alten Ägypten blicken. Spezialisten sind heute aber auch in der Lage, aus Schädelresten Gesichter zu rekonstruieren. Dazu stellt man zunächst ein Gipsmodell des Schädels her. Dann trägt man aus Modelliermasse die Gesichtsmuskeln auf. Schließlich wird eine weitere Schicht aufgetragen, die das Fleisch nachbildet und in die Gesichtszüge eingegraben werden. Die Bildfolge rechts zeigt, wie kürzlich ein 2300 Jahre alter Schädel rekonstruiert wurde, den die Wissenschaftler für den Kopf der Prinzessin Ada halten, einer Freundin Alexanders des Großen.

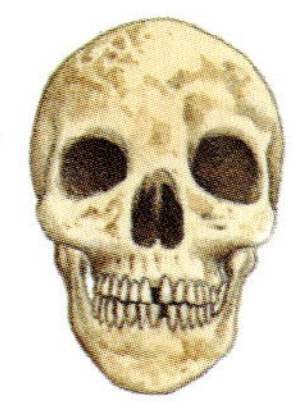

Ausgangspunkt ist der Schädel. Kinn und Gebiß lassen auf die Beschaffenheit des Mundes schließen.

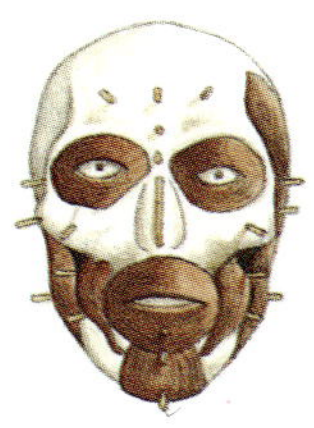

Ein Gipsabguß wird hergestellt. Dann werden die Muskelansätze festgestellt. Der Aufbauprozeß beginnt.

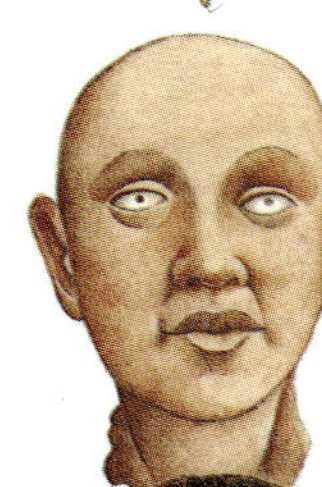

»Fleisch« wird über die Muskeln gelegt. Ohren, Augen und Nase werden hinzugefügt, um dem Kopf ein lebensnahes Aussehen zu verleihen.

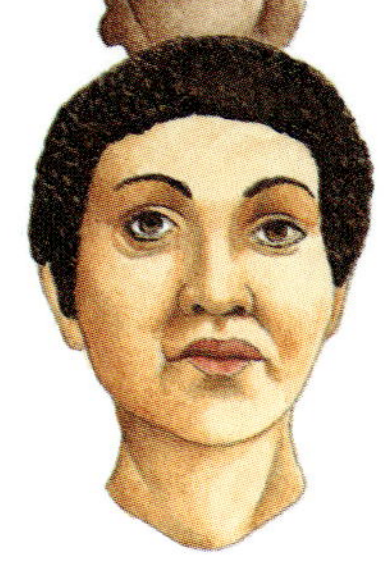

Haar wird ergänzt und die Haut bemalt, um dem Gesicht eine natürliche Farbe zu geben.

Moderne Datierungsmethoden

Funde müssen datiert werden. Bei manchen Kulturen helfen Inschriften, bei anderen kann man das Alter unterschiedlicher Schichten einer Fundstätte durch Vergleiche mit denjenigen anderer Kulturen bestimmen. Moderne Techniken ermöglichen präzisere Datierungen. So ermittelt die Radiokarbon-Methode den Gehalt an radioaktivem Kohlenstoff-Isotop C 14 – je älter das Fundstück, desto geringer die Radioaktivität. Thermo-Lumineszenz (das beim Erwärmen auftretende Aufleuchten in einer charakteristischen Farbe) erlaubt die Datierung aufgrund der Lichtstrahlung von Töpferwaren. Einige andere Methoden sind im folgenden erklärt.

Um nicht alle Mumien auszuwickeln, hat man sie früher geröngt. Heute bedient man sich der Computer-Tomographie. Das Foto zeigt, wie ein Mumiensarg in einen Scanner eingeführt wird, um Todesursache, Geschlecht und Alter des Leichnams festzustellen.

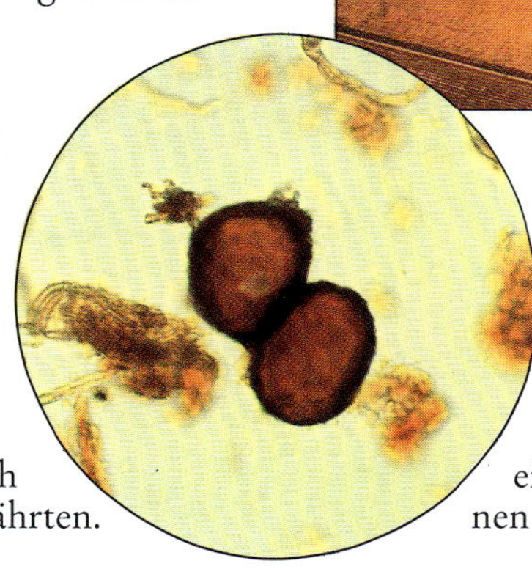

Mit Hilfe eines starken Mikroskops können die Wissenschaftler heute Blütenpollen (rechts) im Boden von Fundstätten identifizieren. Sie geben Aufschluß darüber, welche Pflanzen damals wuchsen, wie die Landschaft aussah und wovon sich die Menschen ernährten.

Luftbilder (links) können Fundstätten unter der Erdoberfläche erkennbar machen. Die Vegetation ist dichter und grüner, wo der Humus tiefer ist. Diese Muster auf einem Acker in England deuten auf alte römische Felder und Bewässerungsgräben hin.

Dendro-Chronologie nennt man die Zeitbestimmung mittels der Jahresringe der Bäume. In regenreichen Jahren sind sie dick, in trockenen Jahren dünn. Finden Forscher verschiedene Hölzer, bei denen einige Ringe übereinstimmen, können sie diese zeitlich genau zuordnen.

Sumer – Die ersten Städte

Vor mehr als 5000 Jahren herrschte in den ersten Städten der Welt bereits reges Treiben. Sie lagen zwischen den Flüssen Euphrat und Tigris im heutigen Irak. Einige von ihnen, wie Ur, Nippur oder Eridu, hatten bereits mehrere tausend Einwohner. Im Zentrum jeder Stadt ragte ein hoher Tempelturm, das Heim des Stadtgottes Ho, aus dem Gewirr der Lehmhäuser empor.

Das Gebiet zwischen Euphrat und Tigris – später Mesopotamien genannt, das heißt »Zwischenstromland« – war äußerst fruchtbar. Daher ließ sich das Volk der Sumerer um 5000 v. Chr. hier nieder. Obwohl das Klima sehr heiß und trocken war, versorgten die beiden Flüsse die Sumerer mit genügend Wasser für den Anbau von Getreide, Obst und Gemüse. Sumerische Händler reisten weit, um die überschüssige Ernte und die herrlichen, von Einheimischen geschaffenen Kostbarkeiten zu verkaufen. Im Laufe der Zeit nahm die Bevölkerung zu, bis sich um 3500 v. Chr. aus den ursprünglichen Bauerndörfern Stadtstaaten herausbildeten, alle mit eigenem Herrscher.

Die Sumerer sind die Erfinder des Rades, das sie zunächst als Töpferscheibe verwendeten. Später entwickelten sie Räder aus Massivholz, um die ersten Karren und Wagen zu bewegen.

Wandernde Wüstenstämme versuchten stets, sich in fruchtbaren Gebieten anzusiedeln. Ein Stamm, dem dies gelang, waren die Amoriter.

Der Große Mann

Die Geschicke einer Stadt leitete ein Ältestenrat. Wenn Krieg drohte, ernannte er einen *lugal* (»Großer Mann«), der das Heer anführte. Als die Kriege häufiger wurden, konnte ein *lugal* auch länger an der Macht bleiben, manchmal das ganze Leben. Er gewann immer mehr Einfluß auf seine Stadt. Schließlich ernannte er seine Söhne zu Nachfolgern. So wurden aus den »Großen Männern« mit der Zeit Könige.

Dieses Detail der Königsstandarte von Ur, einem hölzernen Kästchen, das in einem Königsgrab gefunden wurde, zeigt die Herrscher bei einem Festessen. Bauern bringen Vieh und Schafe als Geschenke.

Dieses Kupferrelief vom Tempel von Obeid zeigt einen löwenköpfigen Adler, der zwei Hirsche an den Schwänzen festhält. Mit geschmolzenem und in eine Form gegossenem Kupfer wurden auch Waffen und Werkzeuge hergestellt.

Die Städte der Götter

Die Sumerer verehrten viele hundert Götter, von denen jeder einzelne, wie sie glaubten, einen anderen Bereich des Lebens bestimmte. Täglich brachten sie den Göttern Opfergaben dar, da sie fürchteten, sonst mit Fluten, Krankheit oder Kriegen bestraft zu werden. Jede Stadt hatte eine eigene Gottheit, der sie gehörte. So gehörte Nippur dem Luftgott Enlil, während der Wassergott Eridu die Stadt Enki beschützte.

Die Königsgräber

In der sumerischen Stadt Ur entdeckten Archäologen die Überreste von Gräbern früher Könige und Königinnen. Sie zeigen, welch prachtvolle Möbel, Schmuckstücke aus Gold, Musikinstrumente und andere Dinge die Herrscher damals besaßen. Aber das war nicht alles: In den Gräbern fanden sich auch die Skelette von Dienern, die ihren Herren freiwillig in den Tod gefolgt waren, um auch im Jenseits für sie da zu sein.

Dieser herrliche Kopfschmuck aus Gold wurde in einem der Königsgräber von Ur bei den Überresten einer Hofdame gefunden.

Stufen zum Himmel

Jede Stadt der Sumerer besaß einen Tempel, in dem, wie sie glaubten, der Stadtgott wohnte. Ur (rechts) war die Stadt des Mondgottes Nanna. Die frühen Tempel waren rechteckige, auf niedrigen Terrassen errichtete Gebäude. Tempel und Terrassen bestanden aus Lehmziegeln. Neue Tempel wurden auf den Ruinen der alten Tempel erbaut – so entstanden im Laufe der Zeit mehrstufige Hochtempel, sogenannte Zikkurats.

Die Zikkurat von Ur wurde um 2100 v. Chr. unter König Ur-Nammu errichtet.

Die meisten Häuser besaßen offene Innenhöfe. Die Außenwände waren fensterlos.

Die großen Schreiber

Die bedeutendste Leistung der Sumerer war die Erfindung der Schrift. Um 3500 v. Chr. mußten die Beamten Besitzverzeichnisse führen. Dazu ließen sie von Schreibern Zeichen in noch feuchte Tonplatten ritzen. Zunächst drückten sie mit keilförmigen Griffeln Bilder der zu registrierenden Gegenstände in den Ton. Nach und nach entwickelte sich daraus das, was wir als Keilschrift bezeichnen.

Dieser Keilschrift-Text (2100 v. Chr.) enthält ein Versprechen des Königs Ur-Nammu an die Göttin Innin. Die Entwicklung der Schrift war ein entscheidender Schritt in der Geschichte der Menschheit, denn sie erlaubte eine Weitergabe von Informationen über Lebensweise, Gefühle und Glauben an spätere Generationen.

Sargon von Akkad

Nördlich von Sumer liegt Akkad. Die dortigen Stämme unterschieden sich ethnisch von den Sumerern und sprachen eine andere Sprache. Doch ihre Lebensweise war dieselbe. Um 2400 v. Chr. vereinigte Sargon, der König von Kisch, die akkadischen Städte. Dann machte er sich an die Eroberung Sumers. Er unterwarf das benachbarte Elam, was ihn zum Herr über die Gewässer machte, die zum Persischen Golf führen. Danach marschierte er nach Westen, wobei er so große Städte wie Mari eroberte. Sargon war der erste, der ganz Mesopotamien vereinigte.

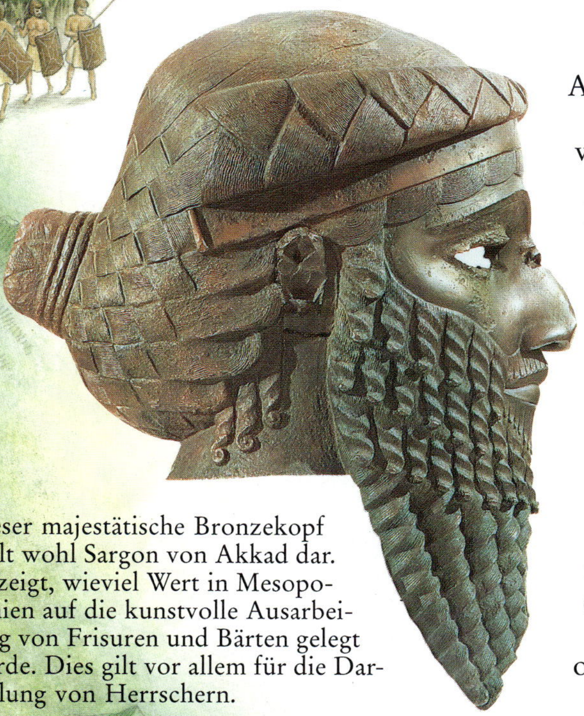

Dieser majestätische Bronzekopf stellt wohl Sargon von Akkad dar. Er zeigt, wieviel Wert in Mesopotamien auf die kunstvolle Ausarbeitung von Frisuren und Bärten gelegt wurde. Dies gilt vor allem für die Darstellung von Herrschern.

Die Gutäer aus dem Sagros-Gebirge waren eine ständige Bedrohung mesopotamischer Städte.

Diese beiden Männer trinken bei einem Fest eine Art Gerstenbier.

Fisch bereicherte den Speiseplan der Sumerer.

Viehherden versorgten die wachsende Bevölkerung mit Milch und Butter.

Vierrädrige, von Eseln gezogene Streitwagen wurden bei den Schlachten eingesetzt. Die Sumerer benutzten sie beim Kampf gegen die Elamiten, die im Gebiet des heutigen Iran lebten.

Schreiber hielten auf Tontafeln gewissenhaft fest, wem die Tiere und die Ernte-Erträge gehörten.

Die Sumerer lernten, mit Kupfer, Silber und Gold umzugehen. Später fanden sie heraus, wie man Bronze herstellt, indem sie Kupfer und Zinn mischten.

Um 4000 v. Chr. wurde ein Pflug erfunden, der von Ochsen statt von Menschen gezogen wurde.

Dattelpalmen gediehen gut im salzigen Wasser der Sümpfe. Die Sumerer aßen die Datteln und verwendeten Holz, Blätter und Kerne als Brennstoff.

Ein Kanal verband den Hafen von Ur mit dem Euphrat.

Die Sumerer glaubten, daß der König von den Göttern ernannt würde und dies erstmals im Tempel von Eridu geschehen sei.

Ur besaß einen eigenen Hafen, wo die Schiffe ihre Ladungen aus Indien und aus Dilmun, dem heutigen Bahrain, löschten.

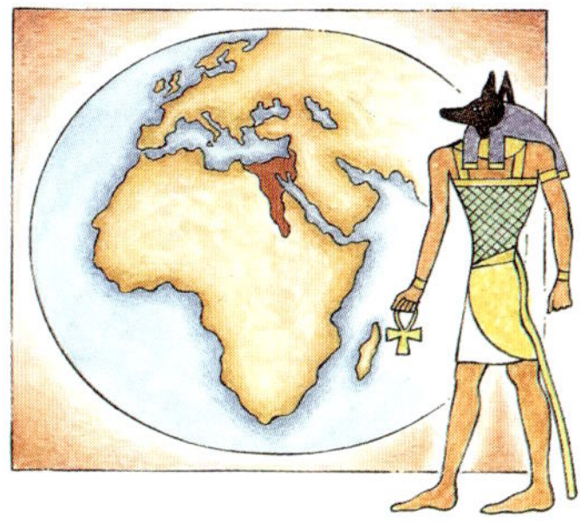

Ägypten – Das Leben am Nil

Ohne das lebenspendende Wasser des Nils wäre Ägypten eine Wüste und gäbe es keine ägyptische Zivilisation. Vor vielen tausend Jahren zogen Gruppen von Jägern in das Niltal, wo sie Tiere, Vögel und Fische in Fülle, vor allem aber ausreichend Wasser fanden. Also ließen sie sich nieder und begannen um 5000 v. Chr. mit dem Ackerbau. Als die Bauern immer wohlhabender wurden, schlossen sich ihre Gemeinden zu zwei Königreichen zusammen: Oberägypten im Süden und Unterägypten im Norden.

Um 3100 v. Chr. eroberte der König von Oberägypten den Norden und vereinigte die beiden Reiche. Nach der Vereinigung begann die Blütezeit der ägyptischen Kultur. Neben den Sumerern gehörten die alten Ägypter zu den ersten Völkern, die ein Schriftsystem entwickelten. Ägyptische Bildhauer und Maler schufen eine Vielzahl von Kunstwerken, und die Architekten errichteten riesige Tempel und Pyramiden.

Die Hochwasser des Nils

Jedes Jahr führten sommerliche Regenfälle im Quellgebirge des Nils zu Hochwasser im flachen Tal. Die Bauern lernten, Kanäle und Auffangbecken zu graben, um das Wasser zurückzuhalten. Später leiteten sie dieses Wasser dann durch Gräben auf die Felder. Gab es einen »Guten Nil«, bedeckten die Fluten weite Teile des Landes mit fruchtbarem Schlamm.

Außenhandel

Die Ägypter produzierten mehr Nahrungsmittel als sie selber benötigten. Den Überschuß verkauften sie z. B. nach Kanaan im Osten, Nubien und Punt im Süden sowie Libyen im Westen. Später handelten sie auch mit Kreta, Griechenland und Babylonien. Die Ägypter exportierten Leinen, Papyrus (eine Art Papier) und Fertigwaren. Sie importierten Holz, Weihrauch, Silber, Pferde, Kupfer, Zinn und Sklaven.

In jeder altägyptischen Stadt gab es einen Marktplatz, wo die Leute Lebensmittel, Töpfe und Lederwaren kaufen konnten. Die Märkte – hier einer im heutigen Kairo – haben sich über die Jahrhunderte kaum verändert.

Schiffahrt

Der Nil war Ägyptens Hauptverkehrsader. Auf ihm konnten Menschen wie Güter leicht und billig transportiert werden. Kleine Boote wurden aus Schilf gebaut, bei größeren Booten verband man hölzerne Pflöcke mit Seilen. Die Boote konnten zerlegt und über Land bis zum Roten Meer oder um die Stromschnellen, Katarakte genannt, transportiert werden. Danach wurden sie wieder zusammengefügt und zu Wasser gelassen.

Auch heute transportieren die Ägypter ihre Waren mit Booten wie diesen Feluken auf dem Nil.

Landwirtschaft

Nach dem Rückgang des Hochwassers im Oktober pflügten die Bauern die Felder. Nach der Aussaat ließen sie Schafe oder Schweine über die Felder laufen, um die Samen in den Boden zu treten. Angebaut wurden hauptsächlich Weizen für Brot und Gerste für Bier, aber auch Flachs sowie Obst- und Gemüse. Im Winter reifte das Getreide heran. Geerntet wurde im Frühjahr.

Viele Techniken, die schon die alten Ägypter kannten, sind heute noch in Gebrauch. Mit dem Schaduf wird seit jeher Wasser vom Fluß auf die Felder geschöpft.

Jagen und Fischen

Das Schilf am Nilufer war Lebensraum vieler Vogel- und Fischarten. Vogeljäger fingen hier Enten und andere Wasservögel, die bei den Ägyptern als Leckerbissen galten. Im Fluß wimmelte es von Fischen. Gefischt wurde am frühen Morgen oder am Abend. Der Fang wurde so frisch wie möglich verzehrt. Was übrig blieb, dörrten oder pökelten sie, um es haltbar zu machen.

Das Wandgemälde zeigt einen Adeligen mit Familie beim Vogelfang im Schilf des Nils.

Der Alltag

Alle ägyptischen Häuser – vom Pharaonenpalast bis zum Bauernhaus – waren aus Lehmziegeln gebaut. Die Zahl der Räume und die Innenausstattung hing vom Reichtum des Besitzers ab. Die Villen der Reichen waren oft mit farbigen Wandgemälden und glasierten Fliesen geschmückt. Manche hatten sogar Badezimmer mit Dusche und Toilette.

Spiel und Spaß

Die Ägypter kannten viele Freizeitbeschäftigungen. Der Adel jagte in der Wüste oder am Ufer des Nils. Die anderen Männer beteiligten sich an Ringkämpfen oder Wasserturnieren, bei denen sie sich von Booten ins Wasser zu stoßen versuchten. Auch ließen sie sich gerne von Geschichtenerzählern, Akrobaten, Musikern und Tänzern unterhalten.

Die Lehmhäuser der alten Ägypter hatten flache Dächer und waren denen eines heutigen ägyptischen Dorfes sehr ähnlich.

Nubien

Nubien war ein Königreich im Süden Ägyptens und reich an Gold, Kupfer, Amethysten, Vieh und Sklaven. Auch Waren aus dem ferneren Süden wie Elfenbein und Weihrauch wurden durch Nubien nach Ägypten transportiert. Später wurde es von den Ägyptern erobert, und die Nubier übernahmen ihre Kultur und Religion. Einige Nubier stiegen in der ägyptischen Gesellschaft sehr hoch auf – bis in hohe militärische Posten.

Ägypten – Pharaonen und Pyramiden

Die wichtigste Person Ägyptens war der Pharao, der König. Man hielt ihn zu Zeiten sogar für so mächtig, daß die Leute meinten, es sei gefährlich, ihn auch nur aus Versehen zu berühren. Die Ägypter glaubten, daß der Geist des falkenköpfigen Gottes Horus in den König drang und er zu Gott auf Erden wurde, wenn er auf dem Thron saß und die Symbole der Macht hielt. Der Pharao war verantwortlich für das Wohl Ägyptens und dafür, daß das Land dem Willen der Götter gemäß regiert wurde. Ihm, der den Geist Gottes beherbergte, wurde stets größter Respekt gezollt.

Die Ägypter glaubten an ein Leben nach dem Tod. Starb ein König, dann wurde sein Körper in einem besonderen Grab, Pyramide genannt, zusammen mit Kleidern, Möbeln, Schmuck und persönlichen Gegenständen des Toten beigesetzt, denn es sollte ihm im Jenseits an nichts fehlen. Die ersten Pyramiden hatten an der Außenseite Stufen, damit der König zu den Göttern emporsteigen könne. Die religiösen Vorstellungen wandelten sich jedoch, und die Pyramiden erhielten glatte Außenflächen. Später wurden die Herrscher im Tal der Könige in wundervoll ausgestatteten, in die Felswände gehauenen Gräbern bestattet, um sie vor Grabräubern zu schützen.

Die Krieger-Pharaonen des Neuen Reiches schufen das größte Imperium ihrer Zeit. Die Karte zeigt die Ausdehnung der ägyptischen Herrschaft um 1400 v. Chr.

Sesostris III. war einer der großen Krieger-Pharaonen des Mittleren Reiches. Er drang mit seinem Heer nach Süden vor, unterwarf die Nubier und verstärkte die Grenzbefestigungen.

Die Herrschaft der Pharaonen

Rund 3000 Jahre lang wurde Ägypten von Pharaonen regiert. Historiker unterteilen diese Zeit in drei Perioden: in das Alte, Mittlere und Neue Reich. Da der König von Ägypten als Abkömmling der Götter galt, war es schwierig, eine standesgemäße Königin für ihn zu finden. Er konnte viele Frauen haben, aber die Königin mußte königlicher Abstammung sein, damit sie das Blut der Götter nicht verdünnte. Aus diesem Grund heirateten die Könige oft ihre Schwestern oder nahe weibliche Verwandte. Der älteste Sohn aus dieser Verbindung wurde dann der nächste Pharao.

Das *anch*-Zeichen (ein Henkelkreuz) war das ägyptische Lebenssymbol. Es war ein beliebter Talismann, z.B. als Halsschmuck oder Spiegelkasten, denn die Hieroglyphe *anch* bedeutet auch »Spiegel«.

Einer der frühen Pharaonen des Neuen Reiches war Königin Hatschepsut. Nach dem Tod ihres Gemahls und Stiefbruders Thutmosis II. regierte sie als Vormund ihres Stiefsohns Thutmosis III., bis dieser sie 1480 v. Chr. beseitigte.

König Tutanchamun und Königin Anchesenamun unter den Strahlen des Sonnengottes

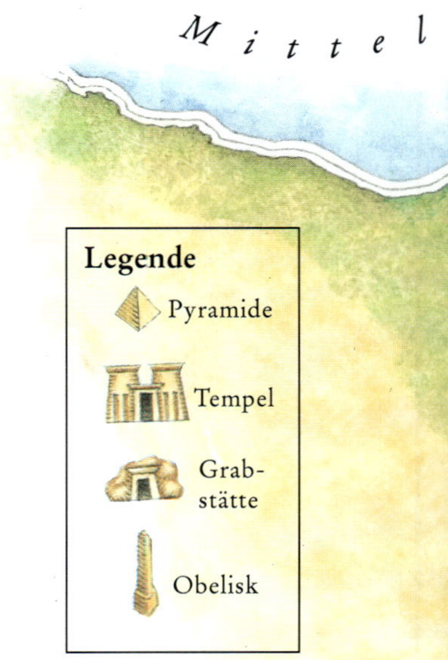

Anubis, der schakalköpfige Schutzgott der Toten

Chepre, der Sonnengott mit dem Käferkopf

Horus, der Falkengott

Thot, der Gott der Wissenschaft mit dem Ibiskopf

Osiris, der Herrscher über das Totenreich

Staatsangelegenheiten

Der König von Ägypten hatte viele wichtige Aufgaben. Als Regierungsoberhaupt war er Herr über die Gesetze, das Heer und die Kulte aller Götter. Bei wichtigen Festen vollzog er als Gottkönig selbst die Tempelrituale. Gemeinsam mit der Königin empfing er fremde Prinzen, die dem Hof Geschenke brachten. Beim Regieren halfen ihm zwei oberste Minister (für Ober- und Unterägypten) sowie ein Heer von Beamten, Schreibern und Priestern, die sich um die alltäglichen Verwaltungsaufgaben kümmerten.

Heimstätten der Götter

Die Ägypter hatten viele Gottheiten, die sich ihrer Probleme annahmen und ihre Wünsche erfüllten. Viele wurden mit einem menschlichen Körper und dem Kopf eines Tieres dargestellt, das seine Macht symbolisierte. Die Ägypter bauten ihren Göttern riesige, wundervoll dekorierte Tempel als irdische Heimstätten. Der wichtigste Gott des Neuen Reiches war Amun, der König der Götter. Sein Tempel in Karnak steht noch heute.

Das Kurzschwert gehörte im Neuen Reich zur Grundausrüstung der Soldaten.

Zeremonielle Streitäxte besaßen reichverzierte Schneiden.

Der königliche blaue Kriegshelm

Pfeil und Bogen waren sehr verbreitet.

Streitwagen waren aus Holz und Bronze.

Jeder Streitwagen wurde von zwei geschmückten Pferden gezogen.

Im Neuen Reich zogen die Pharaonen zu Pferde in den Kampf. Streitwagen wurden von den Hyksos, Eindringlingen aus dem Nordosten, nach Ägypten gebracht.

Das ägyptische Militär

Das Alte und Mittlere Reich besaß nur ein kleines Heer von Fußsoldaten zum Schutz der Grenzen. Im Notfall konnten auch gewöhnliche Bürger einberufen werden. Im Neuen Reich wurden dann erstmals Pferde und Streitwagen eingesetzt, und ein mächtiges stehendes Heer zur Eroberung eines großen Reiches wurde geschaffen.

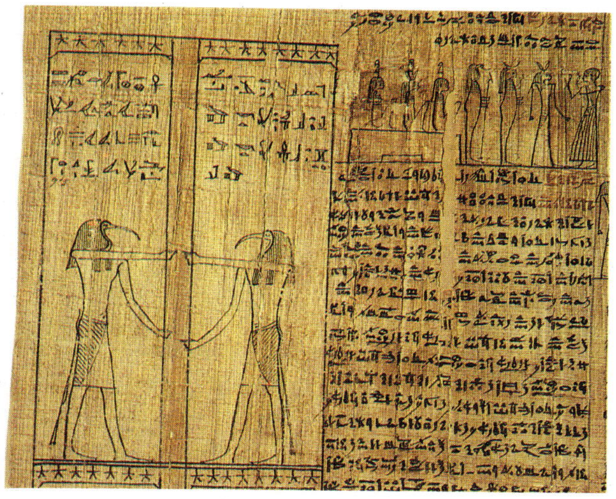

Dieser Papyrus zeigt links Hieroglyphen, rechts schneller zu schreibende hieratische Zeichen.

Die Entwicklung der Schrift

Um 3300 v. Chr. entwickelten die Ägypter ein Schriftsystem aus über 700 Bildzeichen, die wir Hieroglyphen nennen. Da das Schreiben von Hieroglyphen viel Zeit benötigt, schuf man eine Schnellschrift, das Hieratisch. Geschrieben wurde auf einer Art Papier, hergestellt aus dem Stengelmark der Papyrusstaude, die an den Ufern des Nils wuchs.

Grabstätten am Nil

Die Karte zeigt einige der Stellen am Nil, wo noch altägyptische Pyramiden, in den Fels gehauene Gräber sowie Tempel erhalten sind.
Vor allen Haupttempeln stand ein Obelisk, Symbol des Sonnengottes Re.

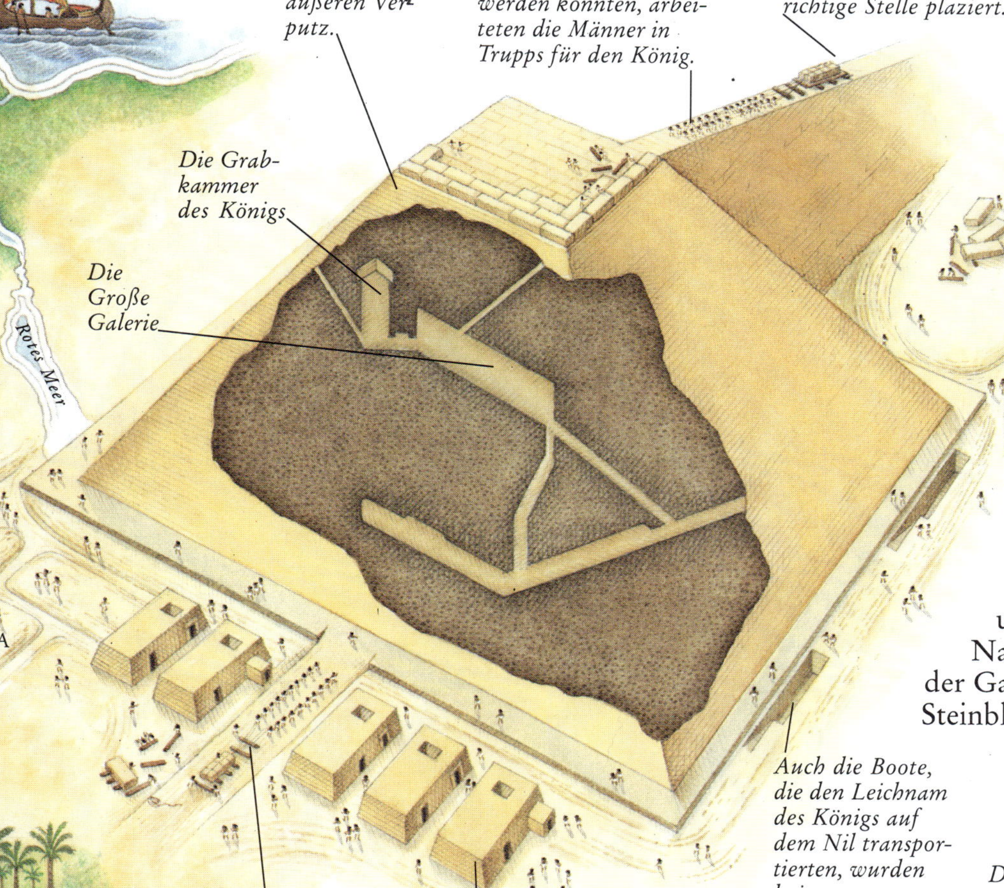

Blöcke aus Kalkstein bildeten einen äußeren Verputz.

Während des Nilhochwassers, wenn die Felder nicht bewirtschaftet werden konnten, arbeiteten die Männer in Trupps für den König.

Über eine riesige Rampe wurden Steinblöcke an die jeweils richtige Stelle plaziert.

Die Grabkammer des Königs

Die Große Galerie

Auch die Boote, die den Leichnam des Königs auf dem Nil transportierten, wurden beigesetzt.

Schwere Steine wurden auf Rollen geschoben.

Mitglieder der Königsfamilie und Adelige wurden in Mastabas bestattet.

Die Pyramiden von Giseh wurden für die Pharaonen Cheops, Chefren und Mykerinos erbaut. Die drei kleinen Pyramiden sind die der Gemahlinnen.

Die Große Pyramide

Die größte Pyramide (links) war mit 146 m die des Königs Cheops. Mehrere tausend Männer arbeiteten über 20 Jahre lang an dem Grabmal und bekamen dafür Kleidung und Nahrung. Nach der Bestattung wurde der Gang zur Grabkammer mit riesigen Steinblöcken aufgefüllt.

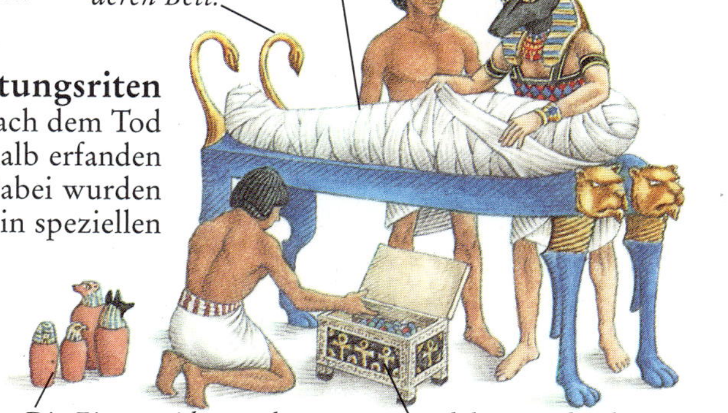

Der Leichnam lag auf einem besonderen Bett.

Der Leichnam wurde in Leintücher gewickelt.

Der oberste Balsamierer, gekleidet als Gott Anubis

Die Eingeweide wurden in Kanopenkrügen aufbewahrt.

Edelsteine, die der Tote ins Jenseits mitnimmt

König Tutanchamuns Sarg ist mit Gold und Edelsteinen geschmückt.

Bestattungsriten

Die Ägypter glaubten, daß für ein Leben nach dem Tod der Körper erhalten bleiben müsse. Deshalb erfanden sie die Technik der Einbalsamierung. Dabei wurden zunächst die Eingeweide entfernt und in speziellen Behältern aufbewahrt. Der Körper selbst wurde mit Natron bedeckt, um ihn vor Verwesung zu schützen. Nachdem der Leichnam ausgetrocknet war, wurde er mit Stoffen und Gewürzen ausgefüllt, dann einbandagiert und in einen kostbaren Sarg gelegt.

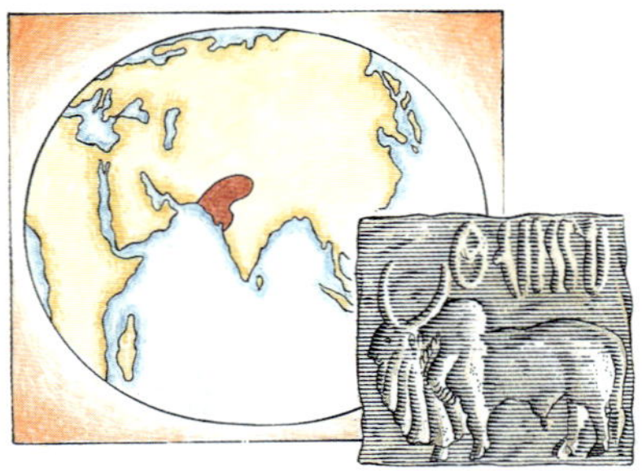

Die Indus-Kultur

Im Industal, dort wo heute Indien und Pakistan liegen, hat sich eine weitere große Zivilisation entwickelt. Um 2500 v. Chr. gehörte sie sogar zu den bedeutendsten Kulturen der Erde. Fleissige Bauern bewirtschafteten den fruchtbaren Boden entlang des Flusses, und aus dem Flußschlamm stellten sie Ziegel für ihre Häuser her. Archäologen entdeckten die Überreste von zwei alten Städten – Mohenjo-Daro und Harappa –, die beide bis zu 40 000 Einwohner zählten. Innerhalb der Stadtmauern war ein künstlicher Hügel aus Lehm und Ziegeln aufgeschüttet. Auf ihm stand die Burg des Herrschers, von der aus man die ganze Stadt überblicken konnte.
Trotz aller ihrer zivilisatorischen Errungenschaften starb diese Kultur, über die bis heute vieles im Dunkeln liegt, jedoch um 1500 v. Chr. aus. Selbst Experten haben keine Erklärung für ihren Untergang. Leider gelang es auch noch niemandem, die Schrift dieser Kultur zu entschlüsseln, so daß auch die schriftlichen Zeugnisse bisher keinen Aufschluß über ihr Schicksal geben können.

Eine Statue aus Mohenjo-Daro zeigt das bärtige Gesicht eines Mannes, wahrscheinlich eines Priesters. Man nimmt an, daß Priester zugleich auch Könige waren.

Die Menschen der Indus-Kultur jagten mit Speeren. Mit der Beute ernährten sie ihre Familien.

Um 1500 v. Chr. fiel der Stamm der Indo-Arier im Industal ein, was zum Untergang der einheimischen Kultur beigetragen haben mag.

Wie bei anderen Flußtal-Zivilisationen gab es auch hier genügend Schlamm zur Herstellung von Ziegeln und Steingut. Feste Backsteine für große Gebäude wurden in holzbefeuerten Öfen gebrannt.

Im Großen Bad von Mohenjo-Daro wuschen sich vielleicht die Herrscher und Priester vor wichtigen religiösen Zeremonien.

Die Bauern verstanden das Hochwasser des Indus zu bändigen und das Wasser auf ihre Felder zu leiten.

Fischernetze aus Baumwolle waren wahrscheinlich fest genug zum Fischen im Meer.

Wohnkultur

Die reichen Familien im Industal lebten in komfortablen Häusern, die rund um einen Hof errichtet wurden. Über Treppen gelangte man auf die flachen Dächer, die Platz zum Arbeiten oder zur Entspannung boten. Es gab wenig Möbel, aber die Wohnungen hatten Brunnen und Baderäume mit Abflußrohren, die das Wasser in die Hauptgräben leiteten. Sauberkeit war oberstes Gebot und Waschungen waren Teil des religiösen Rituals.

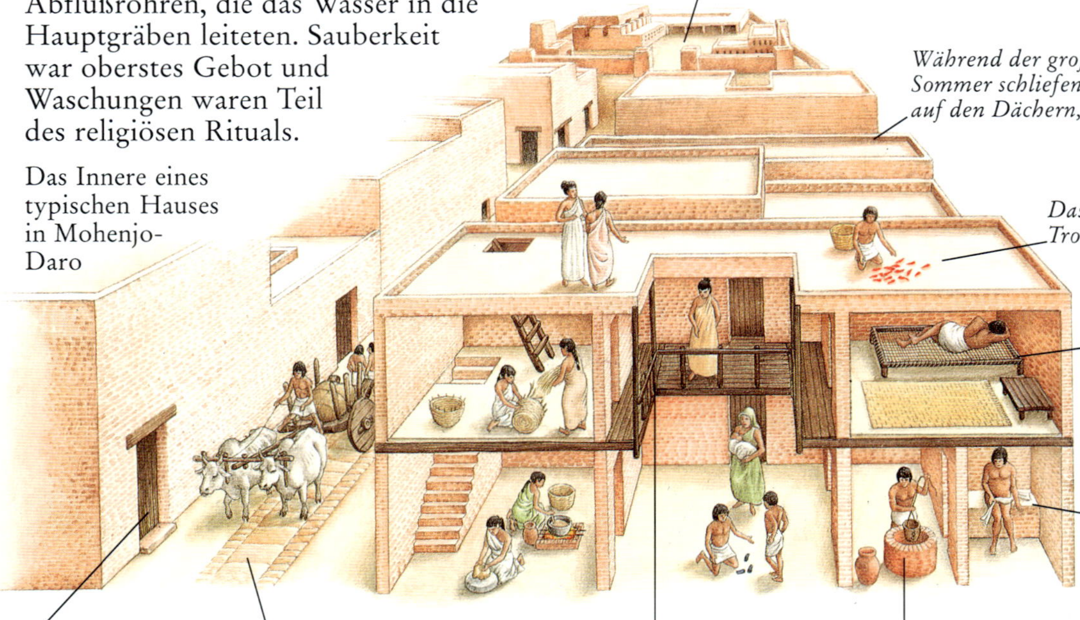

Das Innere eines typischen Hauses in Mohenjo-Daro

Die wichtigsten Gebäude befanden sich in der Festung oder Zitadelle.

Während der großen Hitze im Sommer schliefen die Menschen oft auf den Dächern, wo es kühler war.

Das Dach diente als Trockenplatz.

Die Betten bestanden wahrscheinlich aus einfachen Holzrahmen und verwobenen Lederriemen, die den Körper trugen.

Die Häuser hatten separate Toiletten, die mit dem Abwassersystem verbunden waren.

Eine Tür führte zur Straße, doch die Fenster gingen alle zum Innenhof hinaus.

Unter den Straßen befand sich die Kanalisation. Zum Reinigen stiegen die Arbeiter durch Wartungslöcher in die Kanäle.

Von einem hölzernen Balkon überblickte man den Innenhof.

Die Häuser hatten eigene Brunnen, aus denen man bei Bedarf kühles Wasser schöpfen konnte.

Diese Terrakotta-Figurine zeigt die Muttergöttin. Sie trägt einen kunstvollen Kopfputz und viel Schmuck, aber fast keine Kleider. Man glaubte, daß sie als »Mutter der Welt« Pflanzen, Tieren und Menschen Lebenskraft spendete.

Muttergöttin

Die wichtigste Göttin in der Indus-Kultur war vermutlich die Muttergöttin, denn von ihr fand man die meisten Statuen. Wahrscheinlich wurde sie in den Wohnhäusern oder in kleinen Heiligtümern verehrt, da keine großen Tempel gefunden wurden. Es scheint, als habe es im Industal verschiedene Glaubensformen gegeben. Überreste von Brandaltären deuten auf Tieropfer hin. Es gab auch eine männliche Gottheit mit Hörnern, die von Tieren umgeben auf einem Thron sitzend dargestellt wurde. Vielleicht war er eine frühe Form des Gottes Shiva, der in der späteren Religion Indiens eine wichtige Rolle spielte.

Handwerker stellten Steinsiegel her, die Bilder von bekannten Tieren wie Zebus, Elefanten, Tigern und Nashörnern zeigten. Die Siegel tragen auch Zeichen der bis heute nicht entzifferten Indus-Schrift.

Kunst und Handwerk

Die Frauen trugen verzierte Halsbänder, Armreifen und Ohrringe. Der Schmuck bestand aus Gold und Silber, aus Muscheln oder aus Steinen wie Karneol, einem rötlichen Quarz. Auch das Steingut war von hoher Qualität. Es war meist rot und mit schwarzen geometrischen oder floralen Mustern versehen. Steinmetze schufen kunstvolle Stücke aus Speckstein. Hieraus wurden auch die Siegel hergestellt, mit denen Händler ihr Eigentum kennzeichneten.

Zu Land und zu Wasser

Die Menschen am Indus mußten manche Dinge einführen. Sie benötigten Zinn, das sie zur Bronzeherstellung mit Kupfer mischten; für ihren Schmuck brauchten sie Halbedelsteine, die sie aus dem Gebiet des heutigen Afghanistan und Iran importierten. Die Kaufleute fuhren auch über die Meere. An der Küste gab es bei Lothal einen aus Backsteinen erbauten Hafen, in dem die Handelsschiffe bei Flut durch einen Kanal einfahren konnten, um die Fracht zu löschen. Die Lagerhallen befanden sich bei den Anlegestellen. Die Händler bezahlten mit Elfenbein, Holz, Baumwollkleidern, Edelsteinen und Gewürzen.

Ochsenkarren werden noch heute zum Transport schwerer Güter auf den belebten Straßen Pakistans verwendet – dort, wo einst die Indus-Kultur blühte.

Diese Hügel in Nordindien waren früher baumbestanden. Die übermäßige Bodennutzung hat auch das Indus-Tal ruiniert.

Das Ende einer Epoche

Niemand kennt genau die Gründe für den Niedergang der Indus-Kultur. Vielleicht haben Überschwemmungen, Dürre-Katastrophen oder Krankheiten eine Rolle gespielt. Vielleicht haben aber auch die Menschen das Land zu stark ausgebeutet. Es wurde immer mehr Bau- und Feuerholz geschlagen und der Boden durch übermäßigen Anbau immer unfruchtbarer. Um 1500 v. Chr. wanderten die Indo-Arier ein, die hier eine neue Heimat fanden und die alte Kultur schließlich völlig verdrängten.

Europa – Frühe Baumeister

In Südengland gibt es noch heute Kreise aus massiven Steinblöcken. Der berühmteste ist der von Stonehenge. Zwischen 2500 und 1000 v. Chr. errichteten die Völker Westeuropas zu Kultzwecken diese großen Kreise und lange Stein-Alleen. Auch bauten sie große Grabstätten zur Verehrung der Toten. Dazu transportierten sie oft riesige Steinblöcke über weite Strecken. Obwohl es keine schriftlichen Zeugnisse gibt, die uns über den Sinn dieser Denkmäler Aufschluß geben, nimmt man an, daß die Steinkreise als Kultstätten und zur Beobachtung der Bewegungen der Gestirne dienten.

Die imposanten Steingebilde sind Zeugnisse der sogenannten Megalith-Kulturen.
Während in anderen Regionen schon große Tempelanlagen und prächtige Städte erbaut wurden, gab es in Europa nur Dörfer. Der Ackerbau kam vor über 6000 Jahren aus Anatolien (heutige Türkei) nach Europa. Dichte Wälder wurden gerodet, um Bauholz und Anbauflächen zu gewinnen. Die Entdeckung von Zinn, das zusammen mit Kupfer zu Bronze verschmolzen wurde, ermöglichte die Herstellung härterer und haltbarerer Werkzeuge und Waffen. Damit begann in Europa das Bronzezeitalter.

Dorfleben in Europa

Die europäischen Völker lebten meist in kleinen Dörfern, gebaut aus Materialien der näheren Umgebung wie Holz, Stroh, Stein oder Torf. Einige Häuser – z. B. an den Schweizer Seen oder in Norditalien – boten bis zu 50 Menschen Platz. Die Bauern bauten Weizen und Gerste an und hielten Rinder, Schweine, Schafe und Ziegen. Äpfel, Pflaumen, Himbeeren und Erdbeeren wuchsen wild. Durch die Überreste, die in ihren Abfallgruben gefunden wurden, wissen wir eine Menge über die damalige Ernährung.

Die Errichtung von Stonehenge

Man weiß nicht genau, wie Stonehenge errichtet wurde. Begonnen wurde um 2800 v. Chr. mit einem Ringwall um einen Kreis von Gruben. Später wurde ein unvollendeter Doppelkreis aus Blausteinen, einer Basaltart, hinzugefügt. Um 1700 v. Chr. wurden diese Steine durch riesige Steinblöcke (Sarsen) ersetzt. Die größten Blöcke stellte man im inneren, die kleineren im äußeren Ring auf.

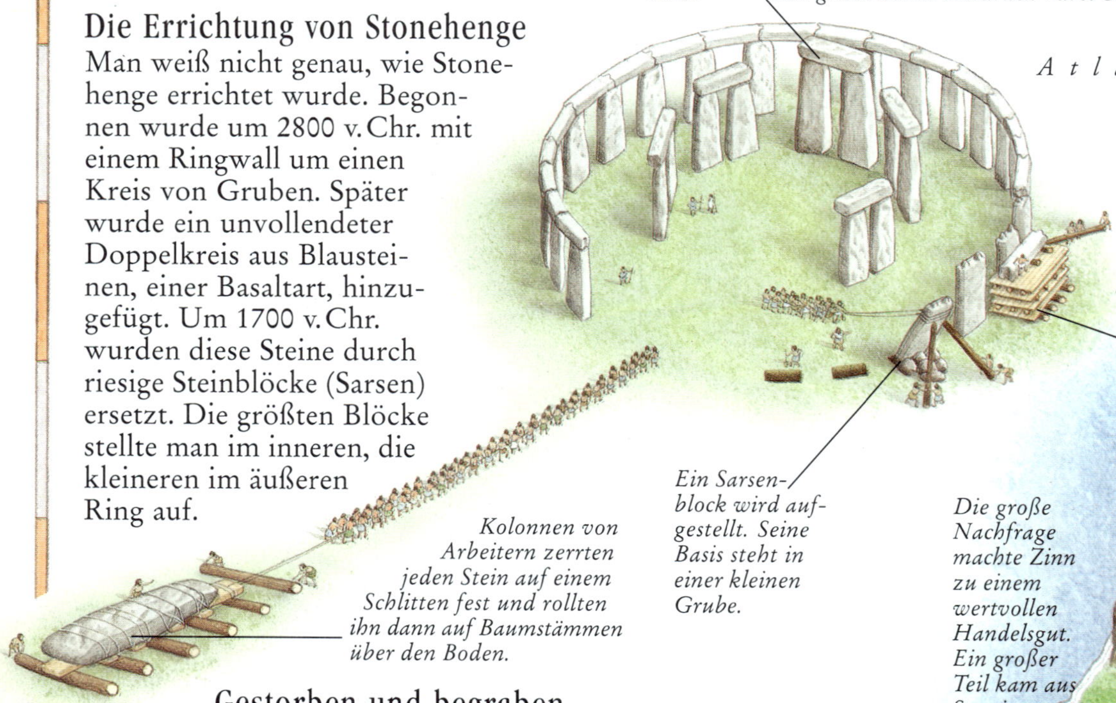

Gestorben und begraben

Wie viele alte Völker glaubten auch die der europäischen Bronzezeit an ein Leben nach dem Tod. In ihren Gräbern fand man persönliche Gegenstände, Gefäße und Werkzeug für das Leben im Jenseits. Einige Männer und Frauen wurden mit reichen Gold- und Bronzebeigaben in großen Hügelgräbern bestattet. Um 1200 v. Chr. entwickelte sich die sogenannte Urnenfelder-Kultur, die ihre Toten verbrannte. Die Asche wurde in Urnen auf Friedhöfen, den Urnenfeldern, beigesetzt.

Dieses Modell eines Pferdewagens, der die Sonne zieht, wurde bei Trundholm in Schweden gefunden. Es ist etwa 60 cm lang und besteht aus Bronze und Gold.

Vom Kupfer zur Bronze

Die Erfindung der Bronze, einer Legierung aus Zinn und Kupfer, war für die frühen Europäer von größter Bedeutung. Bis um 2000 v. Chr. wurden alle Metallgegenstände aus Kupfer hergestellt. Doch Kupfer war ein weiches Metall. Durch Hinzufügung von etwa 10 Prozent Zinn, das in Westeuropa abgebaut wurde, gewannen die Schmiede ein Metall, das leichter zu bearbeiten war und sich zur Herstellung härterer und schärferer Schwerter, Dolche, Waffen und landwirtschaftlicher Werkzeuge eignete. Geschickte Schmiede stellten aus Bronze, Gold und Silber großartige Dinge her.

Handel auf dem Landweg

Fremde Metalle und wertvolle Steine lassen bei den Europäern der Bronzezeit auf regen Handel schließen. Da es noch kein Geld gab, wurden die Dinge, die man brauchte, getauscht. Manche Waren wurden über erstaunlich weite Entfernungen transportiert, was ihren Wert gewiß erhöhte. So gelangte Bernstein von der Ostseeküste auf dem Landweg bis nach Südeuropa, wo er von mykenischen Händlern gekauft und per Schiff ins östliche Mittelmeer gebracht wurde. Aus England, Spanien, Frankreich und Italien wurde Zinn über Land nach Mittel- und Osteuropa geschafft.

Diese Tasse wurde aus einem einzigen Bernsteinklumpen geschnitten. Sie wurde in einem Hügelgrab in Hove, Südengland, gefunden.

Frühe Mode

Alte Kleidungsstücke aus dänischen Mooren zeigen die damalige Kleidung. Sie war teilweise gemustert und aus Wolle, Leinen, Leder und Pelz. Männer trugen Tuniken, Frauen Röcke und wollene Oberbekleidung; beide hatten Mäntel. Zusammengehalten wurden die Gewänder von Knöpfen aus Pechkohle, Knochen, Steinen, Nadeln aus Metall oder Gürteln. Manche Frauen trugen ihr Haar in einem Dutt. In den Gräbern fand man am Hinterkopf der Skelette noch Haarnadeln!

Dieser großartige Halsschmuck aus Gold, der bis über die Schultern reichte, wurde sicher von einer wichtigen Persönlichkeit getragen. Er wurde bei einem Skelett nahe Mold in Nord-Wales gefunden.

Minoer und Mykener

Vor fast 4000 Jahren war die Mittelmeerinsel Kreta das Zentrum der ersten großen Zivilisation Europas. Die größte und bedeutendste Siedlung der Insel war Knossos. Hier befand sich auch der prachtvoll ausgestattete Palast, in dem die Herrscherfamilie lebte. Die Kreter waren erfahrene Seefahrer, die durch den Handel mit anderen Mittelmeer-Völkern reich wurden. Sie entwickelten eine eigene Kultur, zu der auch die eigenartige Zeremonie des Stierspringens gehörte. Nach dem sagenumwobenen König Minos wird diese Kultur minoische Kultur genannt.

Die Minoer waren eine blühende Zivilisation. Doch um 1450 v. Chr. kamen Krieger vom griechischen Festland nach Kreta. Diese Eindringlinge gehörten der mykenischen Kultur an, benannt nach der Stadt Mykene, wo die ältesten Spuren dieser Zivilisation gefunden wurden. Die Mykener lebten in kleinen Königreichen auf dem griechischen Festland und waren scheinbar recht kriegerisch. Sie übernahmen viel von der minoischen Kultur. Mykener wie Kreter sprachen eine Frühform des Griechischen und glaubten an die Macht weiblicher Gottheiten.

Die Insel der Paläste

Archäologen entdeckten auf Kreta die Überreste von vier beeindruckenden Palastanlagen bei Knossos, Mallia, Zakro und Phaistos. Die von Knossos war die größte. Das riesige Gebäude erreichte teilweise bis zu fünf Stockwerke und zählte 1300 Räume. Die königlichen Gemächer waren mit prächtigen Fresken geschmückt, die das Leben am Hofe und Meeresszenen zeigten, z. B. springende Delphine. Der Palast war um einen Hof herum angelegt, in dem die religiösen Feierlichkeiten stattfanden. Er besaß eine eigene Wasserversorgung: Das Regenwasser wurde gesammelt und durch Tonröhren in die Bäder und Toiletten geleitet.

Die Figurine stellt die Schlangengöttin dar. Sie trägt nach minoischer Art einen besetzten Rock und ein enges Mieder, das die Brüste freiläßt.

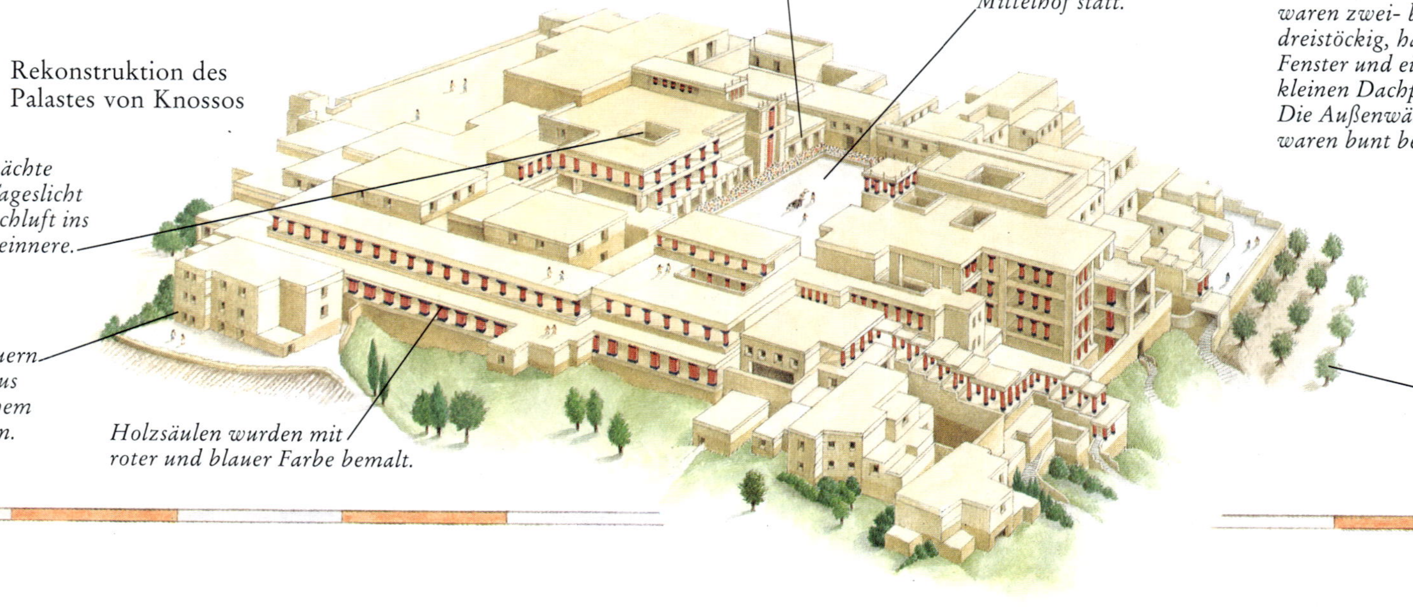

Rekonstruktion des Palastes von Knossos

Der Trojanische Krieg

Die Sage geht wahrscheinlich auf Kämpfe zur Zeit der mykenischen Kultur zurück. Sie erzählt von Paris, dem Prinzen von Troja, der Helena, die Königin von Sparta, entführte. Um Helena zurückzuholen, riefen ihr Ehemann Menelaos und dessen Bruder Agamemnon von Mykene alle griechischen Könige zusammen, um ein großes Heer zu bilden. Nach zehnjähriger Belagerung gelang es den Griechen, mittels eines hölzernen Pferdes ins Innere der Stadt zu gelangen und Troja zu erobern. Paris und viele andere Trojaner wurden getötet, Helena kehrte zu Menelaos zurück.

Der Sage nach ließen die Griechen, als sie ihre lange Belagerung Trojas aufgaben, ein riesiges hölzernes Pferd als Geschenk zurück. Nachdem die Trojaner es in die Stadt gebracht hatten, stiegen die in seinem hohlen Inneren versteckten Soldaten heraus und öffneten die Stadttore. Nun fiel das griechische Heer in Troja ein und eroberte die Stadt.

Die Fischer fingen Thunfische, Makrelen, Seebarben und Tintenfische.

Kaufleute der griechischen Kolonie Milet trieben mit den Hethitern Handel.

Um 1450 v. Chr. brach auf der Insel Thera, dem heutigen Santorin, ein Vulkan aus und zerriß die Insel.

Mykenische Keramik, Elfenbein und Bronzeschwerter wurden auf einem Handelsschiff gefunden, das vor der Küste bei Ulu Burnu gesunken war.

Der Sage nach war der im Palast des Königs Minos gefangengehaltene Minotauros ein Monster mit Menschenleib und Stierkopf.

Öl, Getreide und Wein wurde in großen, Pithoi genannten Gefäßen aufbewahrt.

Das goldene Mykene

Die Mykener lebten in Städten auf Hügeln oder Anhöhen wie Tiryns, Gla, Mykene. In Mykene lebte die Königsfamilie in einem herrlichen Palast, der in einer Zitadelle lag, einer besonders starken Festung. Jeder, der für den Hof arbeitete, wohnte in der Oberstadt zwischen Palast und Festungsmauer. Die Könige liebten die Jagd auf Löwen und Hirsche im Streitwagen. Die meisten Mykener waren Bauern oder Händler. Nachdem die Mykener Kreta erobert hatten, wurden sie die führenden Händler im östlichen Mittelmeerraum.

Starb ein mykenischer König, wurde ihm eine goldene Maske über das Gesicht gelegt. Diese Maske, die man für die des Königs Agamemnon hielt, wurde in einem Schachtgrab bei Mykene gefunden.

Schriftliche Zeugnisse

Bei den Minoern und Mykenern kontrollierte der König die Wirtschaft. Steuerabgaben in Form von Weizen, Olivenöl, Keramik und Metallwaren wurden im Palast aufbewahrt und dienten zur Besoldung von Soldaten und Beamten. Mit Überschüssen wurde in Übersee Zinn, Gold und Elfenbein gekauft. Minoer wie Mykener haben schriftliche Zeugnisse hinterlassen. Die minoische Schrift nennt man Linear A, die spätere mykenische Linear B.

Bei religiösen Festen sprangen minoische Männer und Frauen über angreifende Stiere. Anschließend wurden die Stiere geopfert und das Land mit ihrem Blut besprengt.

Die Macht der Muttergöttin

Für Minoer wie für Mykener war die Muttergöttin die wichtigste religiöse Figur. Sie erschien in vielerlei Gestalt – als Schlangen-, Meeres- oder Höhlengöttin, die den Müttern bei der Geburt beistand. Überall wurden für sie Heiligtümer errichtet, wo Opfergaben in Form von Duftölen, Honig oder Wein dargebracht wurden. Männliche Gottheiten spielten nur eine untergeordnete Rolle. Die Minoer glaubten zudem, daß der Stier ein heiliges Tier sei, und dekorierten Paläste und Keramiken gern mit Stierhörnern.

Fische und andere Meerestiere waren beliebte Muster auf minoischer Keramik, da das Meer für die Minoer sehr wichtig war.

Kanaan – Reiches Land

Kanaan ist der alte Name für jenes Gebiet am östlichen Mittelmeer, wo heute Israel und Libanon sowie Teile von Syrien und Jordanien liegen. Dieses Land war im Laufe der Geschichte von vielen Völkern umkämpft. Um 2000 v. Chr. dehnten sich im Norden riesige Zedernwälder aus, und im Bereich der Flüsse Jordan und Orontes war das Land sehr fruchtbar. Hier trafen sich Afrika und Asien – die ideale Lage, um den Handel zwischen den beiden Erdteilen zu kontrollieren. Viele Erbauer großer Reiche, von den Ägyptern bis zu den Mesopotamiern, kämpften um die Vorherrschaft über dieses begehrte Land. Was wir heute über das Leben in Kanaan wissen, stammt aus Texten auf Tontafeln. Tontafeln, die in Ugarit gefunden wurden, helfen uns, die kanaanitische Religion zu verstehen. Sie stammen aus der Zeit nach 1700 v. Ch., als die Kanaaniter begannen, ein neues Schriftsystem mit nur 27 Buchstaben zu gebrauchen. Das war ein Durchbruch in der Entwicklung der Schrift, denn es war viel einfacher zu gebrauchen als die Hieroglyphen oder die sumerische Keilschrift. Die Schrift bildete dann auch die Grundlage für die Entwicklung hin zu unserem heutigen Alphabet.

Die Ägypter mußten oft Militär einsetzen, um die von ihnen eroberten Gebiete unter Kontrolle zu halten.

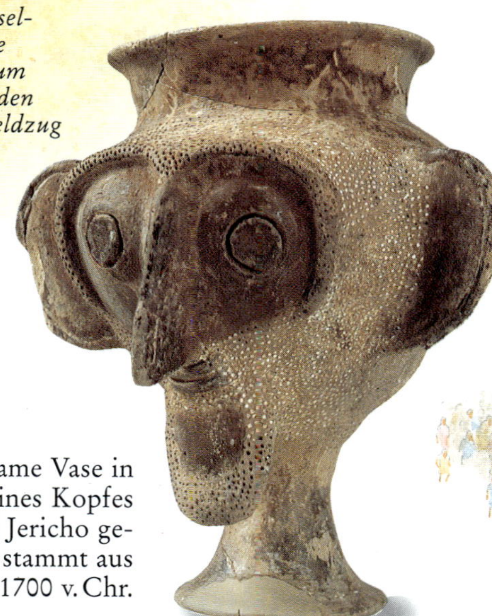

Diese seltsame Vase in Gestalt eines Kopfes wurde bei Jericho gefunden. Sie stammt aus der Zeit um 1700 v. Chr.

Diese Elfenbeinschnitzerei aus Megiddo zeigt einen kanaanitischen König mit einer Reihe Gefangener.

Leben in Kanaan

Um 1500 v. Chr. bestand Kanaan aus Stadtstaaten. Jede Stadt samt umliegender Dörfer wurde von ihrem eigenen König regiert. Händler brachten Holz, Silber und Elfenbein über das Meer nach Ägypten und ins griechische Mykene. Künstler stellten Schmuck und Töpferwaren her. Die Bauern bildeten die Stütze der Gesellschaft. Sie hielten Rinder, Schafe und Ziegen sowie Esel als Lasttiere.

Verehrung der Götter

Der Hauptgott der Kanaaniter war El, der Herrscher des Himmels. Der beliebteste jedoch war der Wettergott Hadad, besser bekannt als Baal. Seine Frau Astarte war die Göttin der Liebe. Priester und Priesterinnen dienten den Göttern in reich verzierten Tempeln oder unter freiem Himmel in Heiligtümern auf Bergen oder Hügeln, »hohe Orte« genannt. Tiere wurden dort vor Säulen geopfert, in denen sich, wie die Priester glaubten, die göttlichen Geister befanden.

Diese Bronzefigur stellt den kanaanitischen Gott Baal dar, der gewöhnlich einen Blitz in der Hand hält.

Die Stadt Jericho

Jericho ist eine der ältesten Städte der Welt. Um 8000 v. Chr. ließen sich hier wegen des stets ausreichenden Angebots an Wasser und Nahrung Jäger und Sammler nieder. Sie bauten Häuser aus Lehmziegeln und betrieben Ackerbau. Später errichteten sie Mauern und Wachtürme um ihre Stadt, um sich und ihre Reichtümer zu schützen. Jerichos Wohlstand rührte wohl vom Handel mit Salz und Bitumen (Asphalt) aus dem Toten Meer.

Königreiche der Israeliten

Der Bibel zufolge wurden die nomadischen israelitischen Stämme aus dem Gebiet um Kanaan gezwungen, für die Pharaonen in Ägypten zu arbeiten. Doch sie flohen aus der Sklaverei und kehrten zurück, um Kanaan zu erobern, das ihnen, wie sie glaubten, von ihrem Gott verheißen war. Sie hatten jedoch Rivalen. Ägyptische Zeugnisse beweisen, daß das östliche Mittelmeer um 1200 v. Chr. von gefährlichen Invasoren bedroht war, die als »Seevölker« bezeichnet wurden. Eine dieser Gruppen, die Philister – auf sie geht der Name Palästina zurück – ließ sich im Süden Kanaans nieder.

Fast 200 Jahre lang lebten Israeliten und Philister friedlich nebeneinander. Aber um 1020 v. Chr. verbündeten sich die israelitischen Stämme gegen ihre alten Feinde und gründeten ein starkes Königreich: Israel. Dieses neue Königreich erlebte unter der Herrschaft der drei großen Könige Saul, David und Salomo eine Blütezeit. Nachdem Salomo 922 v. Chr. gestorben war, führte ein Streit zwischen dem Norden und dem Süden zur Zweiteilung mit Israel (im Norden) und Juda (im Süden). Die Bevölkerung Judas wurde später als das Volk der Juden bekannt.

In Höhlen bei Qumran am Toten Meer wurden 1947 Schriftrollen mit altjüdischen Texten gefunden, insbesondere Handschriften von Büchern des Alten Testaments.

Das Reich des Königs Salomo

König Salomo, bekannt als der Weise, regierte von etwa 960 bis 922 v. Chr. Zwar war es sein Vater David, der die Philister besiegt und Jerusalem zu seiner Hauptstadt gemacht hatte, doch erst unter Salomo gelangte Israel zur Blüte. Salomo pflegte gute Beziehungen zu den Nachbarvölkern und heiratete sogar eine ägyptische Prinzessin. Er unterhielt ein Heer, so daß er die wichtigsten Handelsrouten kontrollieren konnte, und erhob Steuern sowie Abgaben in Gold. Mit diesen Einnahmen finanzierte er den Bau des ersten Tempels der Israeliten.

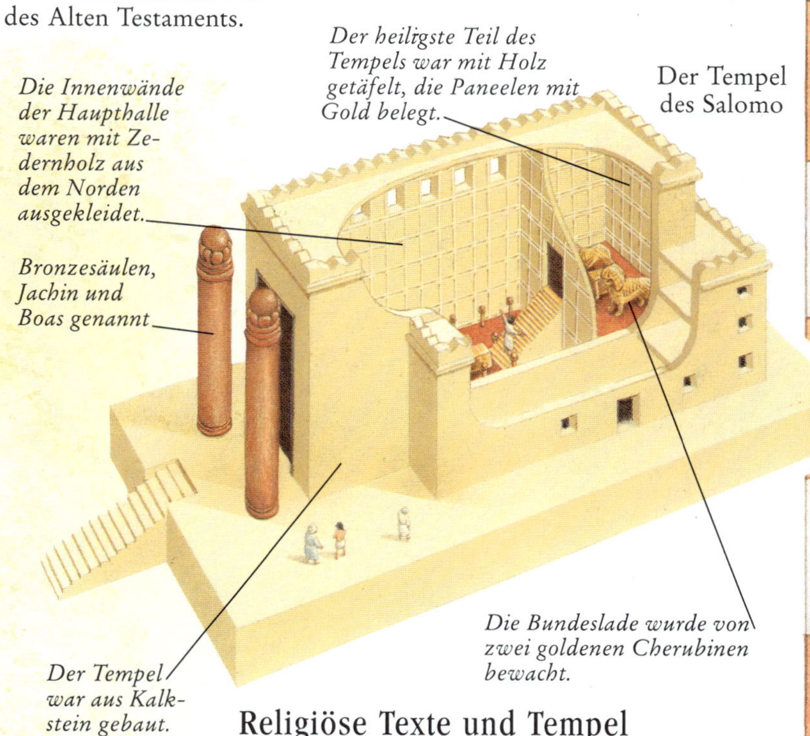

Religiöse Texte und Tempel

Das Besondere an den Israeliten im Vergleich zu anderen alten Völkern war, daß sie nur einen Gott anbeteten, den sie Jahwe nannten. Ihre Gesetze und die Geschichte ihres Volkes trugen sie zusammen in den Texten, die wir als das Alte Testament kennen. Salomo ließ in Jerusalem einen Tempel errichten, in dem die Bundeslade aufbewahrt wurde. Sie enthielt zwei Tafeln, auf denen die zehn Gebote niedergeschrieben waren.

Die Münze zeigt den Kopf von König Antiochos IV. aus der Dynastie der Seleukiden. Seine antijüdische Politik der Hellenisierung führte 168 v. Chr. zum Aufstand unter den Makkabäern.

Das umkämpfte Jerusalem

Jerusalem war ständig bedroht – von Assyrern, Babyloniern, Persern, Griechen, Römern. 34 v. Chr. wurde unter den Römern ein edomitischer Prinz zum König von Judäa: Herodes der Große. Er und seine Nachfolger waren bei ihren jüdischen Untertanen sehr unbeliebt. Es kam zu mehreren Aufständen, die brutal niedergeschlagen wurden. Die meisten Juden mußten das Land verlassen.

Phöniker – Herren des Mittelmeers

Kühne phönikische Seefahrer erkundeten die Länder rund um das Mittelmeer. Mit ihren prächtigen Schiffen, die sie mit Zedernholz, gefärbtem Glas, Elfenbein und purpurrot gefärbten Stoffen beluden, trieben sie selbst mit weit entfernten Völkern Handel. Um 700 v. Chr. hatten sie auf Malta, Sizilien und Sardinien, ja selbst im entfernten Spanien Kolonien errichtet. Die berühmteste war Karthago in Afrika.

Die Phöniker waren Nachfahren der Kanaaniter, die an der Ostküste des Mittelmeers lebten. Ihre wichtigsten Städte waren Arados, Byblos, Berytos (Beirut), Sidon und Tyros. Um 1200 v. Chr. wurde diese Region durch den Einfall der »Seevölker« und den Niedergang der mykenischen Kultur ins Chaos gestürzt. Die Kanaaniter entwickelten sich nun rasch zum führenden Handelsvolk am Mittelmeer. In dieser neuen Rolle nennen wir sie Phöniker.

Um 1000 v. Chr. hatten die Phöniker ein einfaches Alphabet aus 22 Konsonanten entwickelt. Die Griechen fügten ihm später Vokale hinzu. So entstand das Alphabet, das wir noch heute gebrauchen. Die hier gezeigte Tafel mit phönikischer Schrift stammt aus dem 4. Jh. v. Chr.

Diese Kalksteinbüste, als »Dame von Elche« bekannt, wurde in Spanien gefunden, das Teil des Karthagerreiches war.

Die Schiffe löschten ihre Ladung in Lagerhäusern entlang der Hafenmauer.

Handelsverbindungen

Von den großen Hafenstädten aus übernahmen die Phöniker die alten Handelsverbindungen Mykenes. Die Kaufleute errichteten zunächst Niederlassungen an der Nordküste Afrikas bis nach Spanien, dann auf den Inseln im westlichen Mittelmeer. Sie exportierten die wertvollsten Produkte ihres Landes: Zedernholz, Zedernöl und eine Reihe von Fertigwaren. Dafür kauften sie Kupfer, Silber und Zinn sowohl für den Eigenbedarf als auch zum Weiterverkauf an andere Kunden.

Eine phönikische Glasflasche, in der wahrscheinlich Weihrauchharze aufbewahrt wurden. Glas wurde bereits von den Ägyptern hergestellt, doch die Phöniker vervollkommneten die Technik.

Die Stadt Karthago

Um 814 v. Chr. gründeten Kolonisten aus Tyros Karthago. Selbst nach der Eroberung des phönizischen Mutterlandes durch die Assyrer blieb es unabhängig. Seine See- und Landstreitmacht beherrschte das westliche Mittelmeer. Mit dem Aufstieg Roms kam es zwischen den beiden Städten zu den Punischen Kriegen. Sie endeten 146 v. Chr. mit der Zerstörung Karthagos durch die Römer.

Schiffe und Seefahrt

Die Phöniker hatten zwei Arten von Schiffen. Die langen, schnellen Kriegsgaleeren wurden von Rudern und Segeln angetrieben und hatten am Bug schwere Rammsporne aus Eisen zum Versenken feindlicher Schiffe. Das hier abgebildete Handelsschiff war viel breiter. Die phönikischen Seeleute machten sich den Wechsel der Windrichtungen zunutze, indem sie beim einen Wind ausfuhren und beim anderen zurückkehrten. Im Auftrag des ägyptischen Pharaos Necho II. umsegelten sie ganz Afrika. Die Reise dauerte drei Jahre.

Ein behender Seemann klettert den Mast hinauf, um Ausschau zu halten. Phönikische Seeleute versuchten, stets in Sichtweite der Küste zu segeln.

Phönikische Handelsschiffe hatten einen Zentralmast mit einem quadratischen Segel.

Der Steuermann stand am Heck. Mit zwei großen Rudern steuerte er das Schiff.

Der Eigentümer des Schiffes und der Ladung betete für gutes Wetter.

Ruder zum Steuern

Die Phöniker teerten die Außenseite ihrer Schiffe, um sie wasserdicht zu machen.

Der größte Teil der Ladung wurde so unter Deck verstaut, daß sie bei Sturm nicht verrutschte.

Zur Ladung gehörten oft Tonkrüge mit Zedernöl, Glasgefäßen und Kupferbarren.

Handwerk

In allen phönikischen Städten gab es Handwerker, die Dinge für den täglichen Gebrauch herstellten: Töpferwaren, Werkzeuge und Luxusgegenstände aus Metall. Die Phöniker waren kluge Leute, die es verstanden, Techniken und Künste anderer Völker zu übernehmen und zu ihrem eigenen Vorteil zu nutzen. In einigen Bereichen jedoch übertrafen sie alle anderen. So waren sie hervorragende Schiffsbauer, und ihre Zimmerleute stellten wundervolle Möbel her. Auch phönikisches Glas war stark gefragt, ebenso wie die teuren Purpurstoffe, mit denen sich später die römischen Kaiser kleideten.

Groteske Masken wie diese wurden in phönikischen und karthagischen Gräbern im Gebiet des westlichen Mittelmeers gefunden. Vielleicht sollten sie böse Geister vertreiben.

Das Leben an Land

Das phönikische Mutterland besaß sowohl an der Küste als auch in den Tälern des Landesinneren fruchtbare, reichlich bewässerte Böden. Viele Phöniker lebten jedoch in den großen Küstenstädten und arbeiteten als Kaufleute, Seefahrer oder Handwerker. Die Städte waren von mächtigen Mauern umgeben, und die Könige lebten in prachtvollen Palästen. Die oft mehrstöckigen Häuser waren kühl und luftig. Wie assyrische Schnitzereien zeigen, wuchsen in den Städten und in deren Umgebung Palmen und Obstbäume.

Alle griechischen Staaten hatten Fußsoldaten, die Hopliten. Nur Athen besaß eine Kriegsflotte, die es mit den Phönikern aufnehmen konnte.

Als Alexander der Große in Persien einfiel, eroberte er auch Phönikien. Die Phöniker ergaben sich aber nicht kampflos. Die Belagerung von Tyros dauerte sieben Monate.

Bauern bauten Weizen an, den sie in Kornkammern lagerten.

Perserkönig Dareios drang in Phönikien ein und machte es zu einem Teil seines Reiches.

Phönikien hatte Handelsniederlassungen auf Zypern, wo es reiche Kupfervorkommen gab. Hier wurden viele phönikische Gegenstände gefunden.

Geschickte Arbeiter aus Tyros halfen bei der Herstellung des großen Wasserbehälters, welcher der Bibel zufolge vor Salomos Tempel in Jerusalem stand.

Die Phöniker handelten u. a. mit ihren berühmten Purpurstoffen. Sie waren so teuer, daß sie sich nur Könige und Königinnen leisten konnten.

Der berühmte Purpur der Phöniker wurde aus dem Drüsenschleim der Purpurschnecken gewonnen. Für 450 g reinen Farbstoff waren 60 000 Schnecken nötig!

Purpurschnecke

Babylon – Das Tor Gottes

Babylon war eine prachtvolle Stadt am Ufer des Euphrat. Sie war von Mauern umgeben, die so breit waren, daß auf ihr zwei Reihen vierspänniger Pferdewagen nebeneinander fahren konnten. Der Name Babylon bedeutet »Tor Gottes«. Den beeindruckendsten Zugang zur Stadt bot das mit glasierten blauen Kacheln und einem Relief von Stieren, Löwen und Drachen geschmückte Ischtartor. Hinter dem Tor führte eine breite Prozessionsstraße zum Zentrum der Stadt und zum Zikkurat des Hauptgottes Marduk. In der Nähe befanden sich die Hängenden Gärten, eines der Sieben Weltwunder der Antike. Babylon erlebte seine erste Blüte unter König Hammurabi (1793-1750 v. Chr.) Lange Zeit war es geistiges Zentrum und Hauptstadt ganz Mesopotamiens. Aber nach Jahrhunderten mit mehreren Invasionen durch Kassiten, Chaldäer und Assyrer war Babylon am Ende fast völlig zerstört. Erst unter der Herrschaft von König Nebukadnezar (605-562 v. Chr.) erblühte Babylon erneut zur großartigsten Stadt der damaligen Zeit.

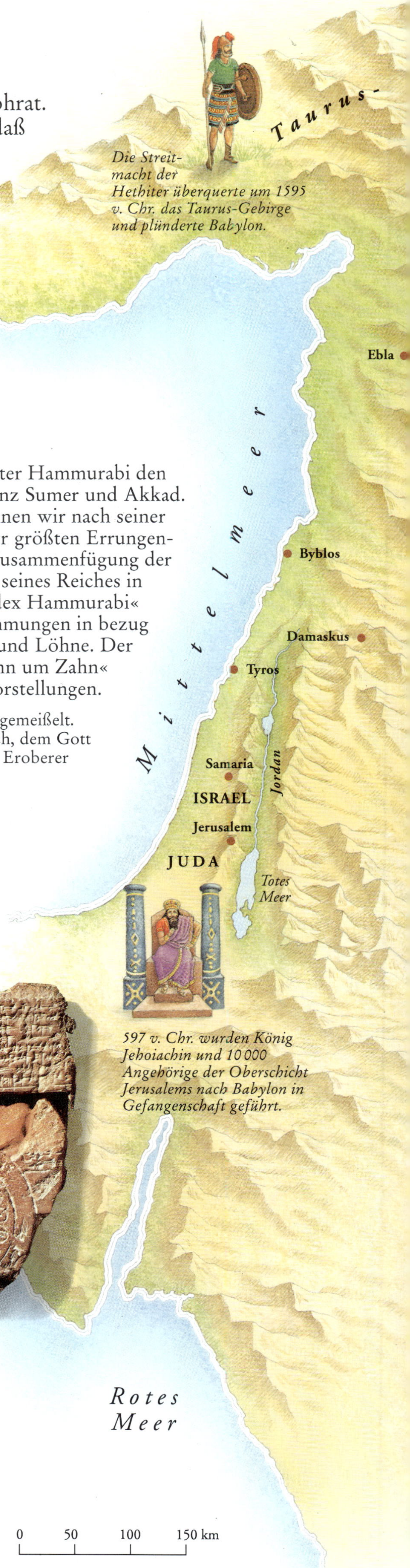

Die Streitmacht der Hethiter überquerte um 1595 v. Chr. das Taurus-Gebirge und plünderte Babylon.

597 v. Chr. wurden König Jehoiachin und 10 000 Angehörige der Oberschicht Jerusalems nach Babylon in Gefangenschaft geführt.

Die Gesetze des Hammurabi

Um 1793 erbte der junge Amoriter Hammurabi den Thron Babylons. Er eroberte ganz Sumer und Akkad. Das neue, große Königreich nennen wir nach seiner Hauptstadt Babylonien. Eine der größten Errungenschaften Hammurabis war die Zusammenfügung der Gesetze der verschiedenen Teile seines Reiches in einem Codex. Dieser neue »Codex Hammurabi« enthielt Gesetze und Strafbestimmungen in bezug auf Familie, Eigentum, Sklaven und Löhne. Der Grundsatz »Auge um Auge, Zahn um Zahn« entstammt diesen alten Rechtsvorstellungen.

Die Gesetze waren in eine Steinstele gemeißelt. Hier steht Hammurabi vor Schamasch, dem Gott des Lichts und des Rechts. Persische Eroberer nahmen die Stele mit.

Kassiten und Chaldäer

Nach Hammurabis Tod gründete das Volk der Kassiten eine neue Dynastie in Babylon. Die Kassiten waren ein Bergvolk, über das nur wenig bekannt ist. Sie herrschten von 1595 bis 1155 v. Chr. in Babylonien. Danach stand Babylon unter assyrischer Herrschaft. Um 900 v. Chr. ließ sich an der Küste des ehemaligen Sumer ein Volksstamm nieder, die Chaldäer. Um 625 v. Chr. hatte ihr Anführer Nabopolasser die Assyrer vernichtet und war neuer König von Babylon geworden.

Dieser glasierte Kopf einer kassitischen Priesterin stammt aus einem Königsgrab bei Ur.

Die großen Gelehrten

In Babylon gingen nur die Jungen zur Schule. Zuerst lernten sie die rund 500 Zeichen ihrer Schrift. Danach studierten sie Literatur, Astronomie und Mathematik. Das Zahlensystem der Babylonier basierte wie das der älteren Sumerer auf der Zahl 60. Von daher rührt unsere Einteilung der Stunde in 60 Minuten und des Kreises in 360 Grad. Sie beobachteten auch Sterne und Planeten und beschrieben ihre Bahnen am Himmel. Einige der Namen von Sternbildern, die von den Astronomen Babylons erfunden wurden, – wie Zwilling, Skorpion oder Steinbock – sind noch heute in Gebrauch.

Diese Tontafel zeigt, wie sich die Babylonier die Welt vorstellten. Der äußere Kreis stellt das Meer dar, in der Mitte liegt die bekannte Welt.

Der verschwundene König

Nabonid (556-539 v. Chr.) war der letzte König Babylons. Er war dem Mondgott Sin ergeben und ließ viele Tempel wiederherstellen. Beim Volk war er jedoch unbeliebt, da er die wirtschaftlichen Probleme nicht lösen konnte, die ihm seine Vorgänger hinterlassen hatten. Eines Tages – niemand weiß warum – begab er sich in die Oase Tayma und überließ die Herrschaft seinem Sohn Belsazer. Als er nach zehn Jahren zurückkehrte, hatte der Perserkönig Kyros II. bereits Babylon erobert.

Die Prozessionsstraße von Babylon war mit Reliefs schreitender Löwen geschmückt. Der Löwe war das Symboltier Ischtars, der Göttin der Liebe und des Krieges.

Das heilige Babylon

Die Babylonier verehrten die alten mesopotamischen Gottheiten, allerdings war ihr Hauptgott Marduk. Jedes Jahr begingen sie ein elftägiges Neujahrsfest mit Gebeten und Prozessionen. Dabei mußten die Teilnehmer ein langes Gedicht über die Erschaffung der Welt durch Marduk und die prunkvolle Ankunft seines Sohnes Nabu rezitieren. Der König holte sich im Tempel Marduks die Zustimmung für seine Herrschaft. Dann nahm er mit einer Statue Marduks an einer Prozession zu einem Heiligtum außerhalb der Stadt teil.

Die prächtige Stadt

Unter den Chaldäer-Königen Nabopolasser und Nebukadnezar entwickelte sich Babylon zu einer prachtvollen Stadt. Sie war Treffpunkt aller Völker des Reiches, hochentwickelt und reich. Tempel und Paläste waren aus Ziegeln gebaut und mit buntglasierten Ziegeln und Steinen verziert. Siegreiche Könige und Heere zogen durch die Prozessionsstraße, vorbei an der sich verbeugenden Bevölkerung.

Assyrien – Das grausame Reich

Die Assyrer führten einen ständigen Überlebenskampf. Ursprünglich lebten sie im Bergland am Oberlauf des Tigris und des Großen Zab im Gebiet des heutigen Nord-Irak. Ihr Land war ständig umkämpft. Bis um 2000 v. Chr. wurde Assyrien von den Königen Sumers und Akkads beherrscht. Doch schließlich wurde es von Eindringlingen aus dem Südwesten übernommen, die den Assyrern Unabhängigkeit gewährten. Immer wieder versuchten sie, ihr Land zu erweitern, aber stets wurden sie zurückgeschlagen. Doch schließlich – im 9. Jh. v. Chr. – triumphierten sie: Auf Befehl ihres Hauptgottes Assur begannen die assyrischen Könige, die angrenzenden Reiche zu erobern. Menschliches Leben und Eigentum galt ihnen nichts. Die besiegten Völker wurden versklavt und mußten ihren Bezwingern dienen. Um 612 v. Chr. war das Reich so groß, daß es nicht mehr zu kontrollieren war und von Babyloniern und Medern vernichtet wurde.

Diese Statue stellt König Assurnasirpal II. dar (883-859 v. Chr.), der den Palast von Nimrud erbauen ließ. Der König hält einen Stab als Symbol seiner Autorität, eine Art Zepter.

Die Macht der Könige

Die assyrischen Könige führten beeindruckende Titel wie »Großer König« oder »König des Universums«. Sie glaubten von den Göttern auserwählt zu sein, ihr Land reich zu machen. Als Vertreter Gottes auf Erden hatte der König für seine Untertanen zu sorgen, aber er hatte auch den Göttern zu dienen. Er trug Verantwortung für Priester und Tempel und leitete die großen religiösen Feiern. Bei einer Zeremonie mußte der Oberste Priester den König ohrfeigen, um ihn daran zu erinnern, daß auch er nur ein Diener der Götter war.

Die Karte zeigt die Ausdehnung des Assyrischen Reiches um 600 v. Chr. Das Reich, das sich vom Persischen Golf bis Ägypten erstreckte, war das Ergebnis fast ununterbrochener Kriege.

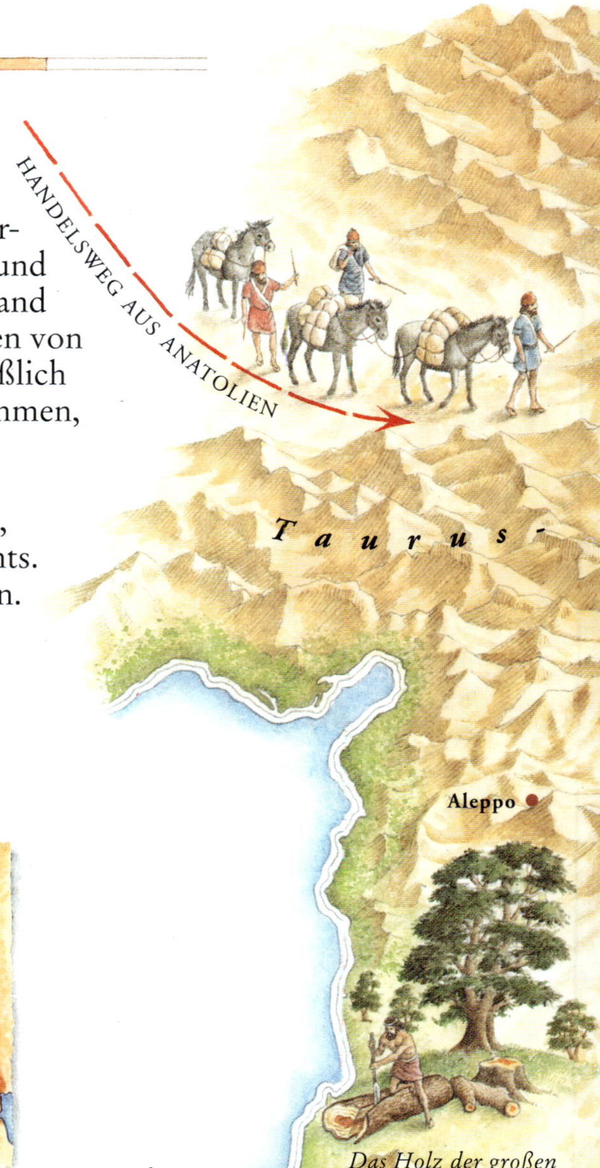

Das Holz der großen Zedern des Libanon wurde zum Schiffbau verwendet.

Besiegte Völker wurden in Gefangenschaft geführt.

In Ägypten herrschten einheimische Prinzen, doch sie wurden von assyrischen Beamten überwacht.

König Sanherib (705-681 v. Chr.) unterwarf Ägypten und Juda 701 v. Chr. bei Lachisch.

Leben am Hofe

Die Assyrer bauten großartige Städte. Ihre erste Hauptstadt war Assur, benannt nach ihrem Hauptgott. König Sanherib (704-681 v. Chr.) machte Ninive zu seinem Hauptsitz. Sein Palast war mit glasierten Kacheln und Bildhauerarbeiten geschmückt, die von den Eroberungen des Königs erzählten. Er umfaßte mindestens 80 große, kühle Räume. Einige Könige hatten sogar Parks mit Löwen, Leoparden, Bären und Elefanten.

König Assurbanipal (668-627 v. Chr.) feiert mit Königin Assurscharrat in Ninive den Sieg über die Elamiten.

Steinreliefs an den Palastwänden stellen berühmte Schlachten dar. Diese Szene zeigt einen Angriff auf eine ägyptische Stadt.

Im Kriege

Feldzüge waren bis in alle Einzelheiten geplant. Oft führte der König seine Soldaten in die Schlacht. Der größte Teil des Heeres bestand aus Fußtruppen. Sie kämpften mit Pfeil und Bogen, Schwertern, Speeren, Steinschleudern sowie Kampfäxten und trugen Schutzschilde. Nach einem Sieg gab es eine große Prozession durch die Stadt zum Tempel, wo der König den Göttern die gute Nachricht überbrachte.

Die in den Sumpfgebieten des heutigen Irak lebenden Araber bauen noch heute Schilfhäuser wie vor über 3000 Jahren.

Assyriens Reichtum

Die Assyrer nahmen sich von den Ländern, die sie unterworfen hatten, was immer sie begehrten. Zwar verfügten sie über reiche einheimische Vorkommen an zum Bauen geeigneten Steinen, doch brauchten sie auch Metall zur Waffen- und Werkzeugherstellung, Holz für den Schiffsbau sowie Pferde und Lebensmittel für die Armee. Zum Zeichen der Unterwerfung unter ihre assyrischen Herren waren die besiegten Völker daher gezwungen, alljährliche Tributzahlungen zu leisten. Oft mußten die Assyrer militärische Gewalt einsetzen, um die Abgaben einzutreiben.

Leben auf dem Lande

Die sanften Hügel des assyrischen Mutterlands waren dank der Winterregen sehr fruchtbar. Die Assyrer legten Gräben zur Bewässerung an und bauten Aquädukte für die Trinkwasser-Versorgung. Hauptanbauprodukte waren Gerste, Sesam und Gemüse. Die Bauern hielten Schafe, Ziegen und Rinder. Als das Reich größer wurde, verlangten die Assyrer von den unterworfenen Völkern immer mehr Nahrungsmittel. Dadurch vernachlässigten die einheimischen Bauern ihre Felder.

Die monumentalen steinernen Ungeheuer im Palast von Nimrud waren Symbole der Macht. Sie bewachten die Eingänge zur Thronhalle und hatten geflügelte Löwen- oder Stierkörper sowie bärtige Menschenköpfe.

Die Krieger

Die Armee bestand ursprünglich aus assyrischen Bauern, die in den Kampf zogen, wenn kein Land zu bestellen war. Als das Reich größer wurde, rekrutierte König Tiglatpileser III. aus den eroberten Gebieten ein stehendes Heer von mehreren tausend Mann. Diese riesige Streitmacht war gut ausgebildet und setzte hölzerne Maschinen beim Angriff auf feindliche Städte ein.

Kelten – Helden der Eisenzeit

Römer und Griechen nannten sie Celtae, Galli und Keltoi und beschrieben sie als großtuerische Barbaren, die zuviel tranken und widerlichen Menschenopfern frönten. In Wirklichkeit aber waren die Kelten sehr geschickte Handwerker, die hochentwickelte Eisenwaffen und robuste Kriegswagen herstellten. Zudem waren sie gefürchtete Krieger, die mit wildem Kriegsgeheul in die Schlacht zogen – um anschließend ihre Siege in Liedern und Gedichten zu besingen. Die keltische Kultur mit ihren charakteristischen Eisen-, Bronze- und Goldgegenständen entwikkelte sich wahrscheinlich um 750 v. Chr. in der Gegend von Hallstatt im heutigen Österreich. Die zweite große Periode begann um 500 v. Chr. und wird nach dem Ort in der Westschweiz, wo die ersten Funde gemacht wurden, La-Tène-Kultur genannt. Die keltischen Stämme breiteten sich über weite Teile Europas aus. Erst die Römer vermochten die Macht der Kelten zu brechen. Zwischen 58 und 51 v. Chr. brachte Caesar mit seinem schlagkräftigen Heer große Gebiete der Kelten unter römische Herrschaft.

Dieser goldverzierte Helm aus Bronze und Eisen wurde in einem alten Kanal der Seine in Frankreich gefunden.

Verwegene Krieger

Die Kelten liebten bunte Kleidung, vor allem wollene Umhänge mit Karos oder Streifen. Sie trugen wundervollen Schmuck wie Armreifen und Halsketten aus reinem Gold. Der Schmuck wurde auch in der Schlacht getragen. Wenn Truppen aufeinandertrafen, prahlten die Krieger von ihren eigenen und den Taten ihrer Vorfahren, um die Gegner herauszufordern. Manchmal wurden Kriege sogar durch Zweikämpfe entschieden. Römische Schriftsteller berichteten von der verwegenen Tapferkeit der keltischen Krieger.

Dieser Weinkrug aus dem 4. Jh. v. Chr. ist ein gutes Beispiel für die keltische Handwerkskunst. Er ist aus Bronze und mit Korallen und rotem Emaille verziert. Eine Ente und eine Meute von Jagdhunden schmücken den Deckel.

Das Alltagsleben

Die Menschen Europas zur Zeit der Kelten lebten in Stämmen. Die Frauen besaßen Rechte und wurden mit Respekt behandelt. Für die Alten und Kranken wurde gut gesorgt. Die meisten Menschen waren Bauern und lebten in Dörfern. Erst kurz bevor die Römer nach Britannien und Gallien kamen, begann dort die Entwicklung größerer Siedlungen. Die Häuser waren aus Stein oder Holz. Sie bauten auch Straßen, die sie mit Holzbalken pflasterten.

Das Innere eines typischen keltischen Hauses

Totenköpfe und Opfergaben

Die Kelten verehrten viele Gottheiten, die sie im Diesseits und Jenseits beschützen sollten. Sie opferten ihnen wertvolle Dinge – manchmal sogar Menschen! Römischen Schriftstellern zufolge glaubten die Kelten, daß ihre Seelen nur kurz im Jenseits bleiben und dann wiedergeboren würden. Da für sie der Kopf der Sitz der Seele war, bewahrten sie die Schädel von Vorfahren oder mächtigen Feinden auf. Die Priester der Kelten waren die Druiden.

Menschliche Schädel wurden an Heiligtümern zur Schau gestellt. Die hier abgebildeten Steinsäulen fand man bei Roquepertuse in Südfrankreich.

Herrliche Bronzespiegel wie dieser, der bei Desborough in England gefunden wurde, waren Statussymbole. Sie zeugen vom Können keltischer Künstler.

Feste und Feiern

Die Kelten feierten viele Feste, sie sangen und spielten gerne. Es gab Wein, aber das beliebteste Getränk war Bier aus Roggen oder Weizen. Die Kelten liebten Musik und die Vorträge ihrer Dichter-Musiker, der Barden. Auf den Festen trugen sie auswendig lange Heldengedichte vor, wobei sie sich selbst auf der Leier begleiteten. In vielen Liedern verspotteten sie auch die Feinde ihrer Stammesführer.

Festungen und Kämpfe

Um sich zu schützen, bauten die Kelten auf Anhöhen Festungen, die sie mit riesigen Erdwällen und Holzpalisaden umgaben. Tapfere Krieger kämpften oft einzeln, nicht im Verband. Sie schlossen sich nicht einmal im Kampf gegen die disziplinierten Einheiten des römischen Heeres zusammen. Nur in Irland und im Norden Schottlands entgingen die Kelten der Unterjochung durch die Römer.

Die von den Römern Germani genannten Stämme lebten östlich des Rheins.

Die Kelten waren gute Bauern. Sie hatten sogar eine spezielle Maschine für die Getreideernte.

Bei Hallstatt hatten die Kelten große Salzbergwerke, was ihnen Reichtum brachte.

Ein Stammesführer mit Frau und Kind in Festtracht

Die Galater, ein Bund keltischer Stämme, wanderten nach Osten und ließen sich in dem nach ihnen benannten Galatien nieder.

Die Kelten nahmen 387 v. Chr. Rom ein und brannten die Stadt nieder. Einzig das Kapitol blieb verschont, weil Gänse dort so laut geschrien hatten, daß sie damit Alarm auslösten.

279 v. Chr. fiel eine Gruppe wandernder Kelten (die Galater) in Griechenland ein und plünderten das Heiligtum des Gottes Apollo in Delphi.

Viele Galater begingen mit ihren Familien Selbstmord, nachdem sie 241 v. Chr. von König Attalos I. von Pergamon besiegt worden waren.

Persien – Das prächtige Reich

Innerhalb von nur 30 Jahren entwickelten sich die Perser von einem unbedeutenden Stamm am Rande Babyloniens zu Herrschern über das mächtigste Reich der damaligen Welt. Die Perser und ihre Nachbarn, die Meder, waren erst um 1300 v. Chr. in das Gebiet des heutigen Iran eingewandert. Zuerst beherrschten die Meder das Gebiet. Dann wurde 559 v. Chr. Kyros der Große König der Perser. Kühn riß er das Königreich Medien an sich, obwohl dessen Herrscher sein eigener Großvater war. Er unterwarf auch die griechischen Städte in Ionien sowie Lydien, das reich an Goldreserven war. 539 v. Chr. schließlich eroberte Kyros der Große das mächtige Babylon.
Über 200 Jahre lang waren die Perserkönige die uneingeschränkten Herrscher dieses Raumes. Die Perser waren geschickte Krieger, Reiter und Handwerker. Zudem besaßen sie eine hervorragende Verwaltung. Um das riesige Reich, das sich nun von Ägypten bis Indien erstreckte, kontrollieren zu können, unterteilte es König Dareios I. (522-486 v. Chr.) in Provinzen, sogenannte Satrapien. Feste Straßen verbanden die entferntesten Winkel des Reiches miteinander. Tributzahlungen und Steuern strömten in die Paläste von Persepolis und Susa.

Dieses Relief vom Palast in Susa zeigt ein Mitglied der persischen Elitetruppe der »Unsterblichen«. Die Einheit zählte immer genau 10 000 Mann – wenn einer starb, wurde er sofort ersetzt.

Persepolis
Die offizielle persische Hauptstadt war Susa, wo es im Winter wärmer war als in der ursprünglichen Hauptstadt Pasargadai. Doch um 520 v. Chr. rief König Dareios I. aus allen Landesteilen erfahrene Arbeiter nach Persepolis, um sich von ihnen einen prunkvollen Palast bauen zu lassen. Der Palast wurde aber alljährlich nur um die Zeit des Neujahrsfestes genutzt. Dann kamen Gesandte aus dem ganzen Reich, um dem König in einer riesigen Audienzhalle mit viel Pomp ihre Geschenke zu überreichen.

König der Könige

Um ihre absolute Macht über andere Herrscher zu demonstrieren, nahmen die persischen Monarchen den Titel »König der Könige« für sich in Anspruch. Der Großkönig verfügte über uneingeschränkte Macht. Er hatte zahlreiche Frauen, die gemeinsam in besonderen Gemächern, dem Harem, wohnten. Doch viele Leute waren neidisch und versuchten ständig, den König zu ermorden. Um dem zu entgehen, ließen die Könige oft vorsorglich ihre gesamte männliche Verwandtschaft umbringen.

Dieses goldene Modell eines vierspännigen persischen Wagens mit Rosselenker und Reisendem ist Teil des Oxusschatzes.

Die »Ohren des Königs«

Das Persische Reich war so riesig, daß es in 20 Satrapien eingeteilt wurde. Jede Satrapie wurde von einem Statthalter verwaltet, dem Satrapen, der im Namen des Königs handelte. Doch der König mußte prüfen, ob seine Beamten auch wirklich treu waren. Er mußte wissen, ob sie stets die richtige Menge an Steuern erhoben oder mehr eintrieben und den Überschuß in die eigene Tasche steckten. Um dies herauszufinden, hatte er spezielle Beamte, bekannt als die »Ohren des Königs«. Sie mußten den leisesten Verdacht auf Verrat melden.

Die Kriege gegen die Griechen

Perser und Griechen waren stets verfeindet. Als die griechischen Städte Ioniens von Persien unterworfen wurden, kamen die Truppen des griechischen Mutterlandes zur Hilfe. Dies wiederum hatte eine Reihe persischer Angriffe zur Folge. König Dareios I. und König Xerxes fielen 490 bzw. 480 v. Chr. in Griechenland ein. Die Griechen waren zahlenmäßig unterlegen und erlitten einige Rückschläge, doch am Ende gelang es ihnen, die Angriffe durch mehrere Siege zurückzuschlagen. Die Kriege erregten bei den Griechen großen Haß auf die Perser, so daß sie auf Rache sannen – was ihnen unter Alexander dem Großen dann gelang.

Dieses Mosaik zeigt Perserkönig Dareios III. auf der Flucht vor Alexander 333 v. Chr. in der Schlacht bei Issos.

Dieses silberne Spendegefäß, ein Rhyton, entstand um 400 v. Chr. Der Tierkopf stellt ein Fabelwesen dar, das in der persischen Kunst häufig vorkam.

Die Massageten waren Nomaden, die den persischen Eroberungsversuchen lange widerstanden. König Kyros II. starb während eines Feldzugs gegen sie.

Dieser goldene Armreif stammt aus dem Oxusschatz, der am Fluß Oxus in der Provinz Baktrien im heutigen Afghanistan gefunden wurde.

Kamelkarawanen transportierten Silber, Gewürze und Elfenbein durch das ganze Reich.

Der Satrap einer indischen Provinz bei der Überwachung seiner Leute, die gerade für den Perserkönig bestimmtes Gold abwiegen

Der Palast von Persepolis besaß Audienzhallen mit hohen Säulen, Lagerräume für die Tributzahlungen und Kasernen für das Heer.

Priester kümmerten sich um den Altar mit dem heiligen Feuer des Zoroastrismus. Die Religion des Zarathustra gibt es noch heute.

Der Großkönig saß standesgemäß auf seinem Thron, während er die Tributleistungen aus allen Teilen seines Reiches entgegennahm. Diese Szene ist einem Relief im Palast von Persepolis nachempfunden.

Ein Assyrer bringt ein Pony.

Ein Inder trägt Schalen mit Goldstaub.

Ein Babylonier führt ein wertvolles Rind.

Ein Elamite bringt einen jungen Löwen.

Also sprach Zarathustra ...

Die Perser verehrten viele Gottheiten, bis um 600 v. Chr. ein religiöser Reformer namens Zarathustra (griech. Zoroaster) von einem höchsten Gott der Güte, des Lichts und der Wahrheit namens Ahura Mazda predigte. Doch in der Welt gab es auch das Böse, Dunkelheit und Lüge. Die Menschen mußten wählen, welchem Weg sie folgen wollten. Nach ihrem Tod würden sie dann entweder belohnt oder bestraft werden. Das Feuer spielte eine wichtige Rolle: Es stellte die Wahrheit Ahura Mazdas dar. Die Priester nannte man Magi, woraus sich unser Wort »Magie« ableitet.

Griechenland – Macht und Ruhm

Um 800 v. Chr. begann sich auf dem griechischen Festland eine glanzvolle neue Kultur zu entwickeln. Von nun an brachten die Griechen wundervolle Kunstwerke hervor, errichteten großartige Bauwerke, schrieben Theaterstücke, beschäftigten sich mit Musik, Mathematik und Medizin und diskutierten über politische Ideen. Sie führten ein Herrschaftssystem ein, bei dem das Volk bei der Regierung seines Stadtstaates ein Mitspracherecht hatte. Viele Wörter unserer modernen Sprachen haben ihren Ursprung in der Sprache der alten Griechen. Griechenland war aber kein einheitlicher Staat. Das heiße, größtenteils gebirgige Festland und die Inseln waren in viele kleine Stadtstaaten aufgeteilt, von denen jeder von seinem eigenen Ackerland und seinen eigenen Dörfern umgeben war. Der mächtigste Stadtstaat war Athen, das im 5. Jh. v. Chr. zum Zentrum griechischer Zivilisation und Kultur wurde. Es hatte ein gut ausgebildetes Heer und die damals mächtigste Kriegsflotte der Welt.

Die Macht dem Volke

Jeder der Stadtstaaten Griechenlands wurde eine *polis* genannt. Auch unser Wort »Politik« stammt von diesem Begriff. Um 500 v. Chr. wurden die meisten dieser Staaten nicht mehr von Königen regiert, sondern von einer kleinen Gruppe von Führern (Oligarchen) oder von einem mächtigen Politiker (Tyrann). Aus Athen stammt die Idee der Demokratie, was »Volksherrschaft« bedeutet. Sie gab dem Volk die Möglichkeit, bei Entscheidungen mitzuwirken. Männliche Bürger stimmten in der Volksversammlung über die Gesetze ab. Frauen, Fremde und Sklaven hatten kein Stimmrecht.

Die Athener wählten zwischen 443 und 429 den mächtigen Politiker Perikles zu ihrem Führer. Er begann mit dem Bau der Tempel auf der Akropolis.

Die griechischen Kolonien

Die Bevölkerung der Stadtstaaten wuchs so rasch, daß zwischen 750 und 550 v. Chr. viele Menschen auswandern mußten. Sie ließen sich entlang den Küsten des Schwarzen Meeres und in jenen Gebieten des Mittelmeerraumes nieder, wo ihre Rivalen, die Phöniker, noch keine Kolonien gegründet hatten. Wo immer sie siedelten, betrieben sie Landwirtschaft, errichteten Gebäude im griechischen Stil und brachten ihre eigene Lebensweise und Kultur mit. Auch entwickelten sie gewinnträchtige Handelsverbindungen mit ihrem Mutterland.

Die schattierten Gebiete auf der Karte links zeigen Griechenland und die wichtigsten Siedlungsgebiete der griechischen Kolonisten zwischen 750 und 550 v. Chr.

Dieses Gemälde stellt die Seeschlacht bei Salamis dar. Sie bedeutete den Wendepunkt im Kampf gegen das Invasionsheer des Perserkönigs Xerxes. Die Athener waren von ihrem großen Führer Themistokles zum Bau einer Kriegsflotte überredet worden. Die Perser wurden in die Meerenge zwischen der Insel Salamis und dem Festland gelockt, wo sie in der Falle saßen und geschlagen wurden.

Die Perserkriege

Als die Perser in den griechischen Kolonien Ioniens (an der Westküste der heutigen Türkei) einfielen, kamen Griechen vom Mutterland den Ioniern zur Hilfe. Daraufhin beschlossen die Perser, Griechenland zu bestrafen. König Dareios I. und sein Sohn Xerxes drangen 490 und 480 v. Chr. in Griechenland ein. Beide Male mußten die Griechen Niederlagen einstecken, u. a. die Plünderung Athens und die Vernichtung einer kleinen spartanischen Truppe, die den Thermopylen-Paß bewachte. Allen Verlusten zum Trotz gewannen die Griechen schließlich den Krieg und vertrieben die Perser mit Siegen in den Landschlachten von Marathon und Platää und der Seeschlacht bei Salamis.

Spartanische Lebensweise

Der Stadtstaat Sparta kontrollierte den südlichen Teil Griechenlands, den Peloponnes. Nachdem die Spartaner Messenien erobert hatten, wurden sie geradezu machtbesessen. Sie verschrieben sich dem Krieg. Alle echten Spartaner mußten Krieger werden. Die Ausbildung, die mit sieben Jahren begann, war äußerst hart. Die Jungen wurden oft geschlagen, um sich auf die Schrecken des Schlachtfelds vorzubereiten. Auch die Mädchen wurden hart erzogen, damit sie kräftig und stark würden, um gesunde Kinder zu gebären. Die militärischen Fähigkeiten halfen Sparta, den Peloponnesischen Krieg (431-404 v. Chr.) gegen Athen zu gewinnen.

Diese Bronzefigur zeigt einen Krieger Spartas in voller Pracht mit Helm, Brustpanzer und Beinschiene.

Bei der Ernte trennten die Frauen die Spreu vom Weizen.

480 v. Chr. fielen die Perser mit ihrem Heer in Griechenland ein.

Zu den berühmtesten Dichtern Griechenlands zählt Sappho, eine Frau von der Insel Lesbos.

Die Frauen waren im ionischen (links) und dorischen Stil (rechts) gekleidet.

Herodot war der erste, der historische Ereignisse genau untersuchte und aufzeichnete. Er wird auch »Vater der Geschichtswissenschaft« genannt.

Nahrungsmangel zwang einige Bewohner der Insel Thera zu dem Versuch, in Nordafrika eine Kolonie zu gründen. Doch als sie aufgaben und zurückkehrten, hinderte sie die Bevölkerung an der Landung.

Die griechischen Kriegsschiffe waren meist Trieren. Sie hatten drei Ruderbänke übereinander.

Die Stadt Athen

Athen wurde zum größten und reichsten Stadtstaat Griechenlands. Er kontrollierte die Silberbergwerke im Süden und verfügte von seinem Hafen bei Piräus aus über ausgezeichnete Handelsverbindungen. Über die Stadt erhob sich die felsige Anhöhe der Akropolis, was »Obere Stadt« bedeutet. Es war eine heilige Stätte mit schönen Tempeln und Heiligtümern der Göttin Athene. Die eigentliche Stadt erstreckte sich zu Füßen des Hügels. Athen besaß herrliche Gebäude, gepflasterte Straßen und einen offenen Markt, Agora genannt, wo man sich traf. Hier sprachen Gelehrte wie Sokrates, Plato und Aristoteles.

Die Akropolis in Athen

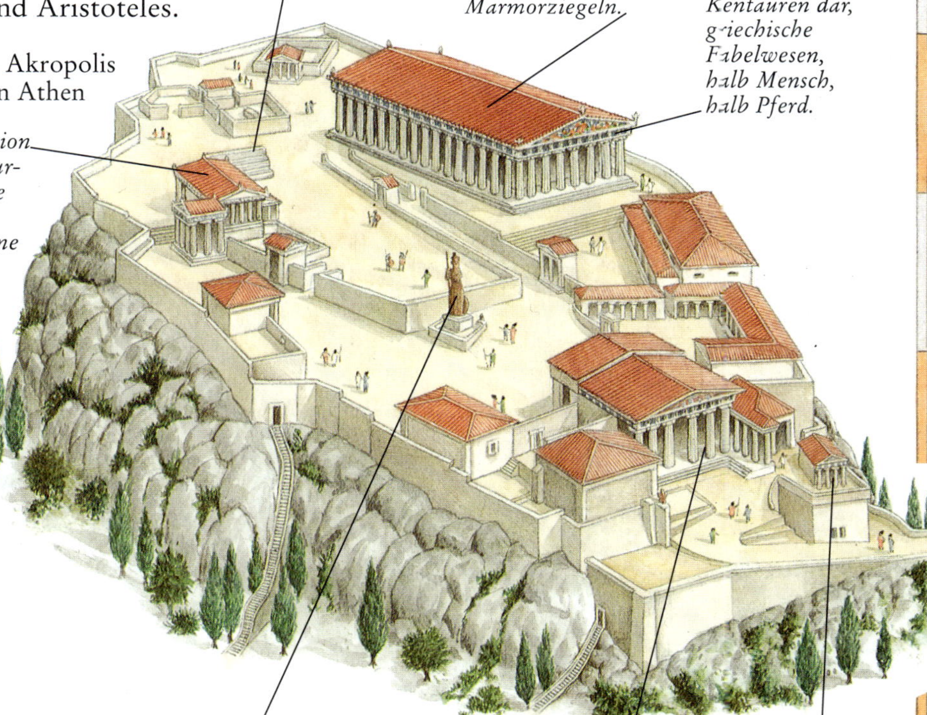

Der große Altar stand nicht wie sonst üblich vor, sondern neben dem Tempel der Athene.

Der Haupttempel der Athene war der Parthenon. Er wurde von 447-438 v. Chr. aus leuchtend weißem Marmor errichtet. Das Dach bestand aus Marmorziegeln.

Ein buntes Fries stellte den Kampf der Kentauren dar, griechische Fabelwesen, halb Mensch, halb Pferd.

Im Erechtheion wurde eine uralte hölzerne Statue der Göttin Athene aufbewahrt.

Die Bronzestatue der Schutzgöttin Athene war 9 m hoch.

Nachdem sie durch die Straßen der Stadt gezogen waren, betraten große religiöse Prozessionen den heiligen Bezirk der Akropolis durch einen Torbau, die Propyläen.

Der Nike-Tempel war der Athene in ihrer Rolle als Siegesgöttin gewidmet.

Griechenland – Alexander und sein Reich

Alexander der Große war einer der bedeutendsten Feldherren der Geschichte. Er war ein tapferer Soldat, und seine Feldzüge waren glänzend geplant. Um 323 v. Chr. erstreckte sich das Reich, das er erobert hatte, von Griechenland über Kleinasien bis nach Indien. Alexanders Eroberungsfeldzug dauerte 11 Jahre. Dabei legte er über 32 000 km zurück.
Alexander wurde 356 v. Chr. im Königreich Makedonien geboren – im ehemaligen Feindesland von Athen. Nach der Ermordung seines Vaters Phillip II. wurde der 20jährige zum König ernannt. Er übernahm ein großes und erfahrenes Heer aus Griechen und Makedonen und vollendete das Vorhaben seines Vaters, die verhaßten Perser endgültig zu schlagen.

Während seines langen Feldzugs ließ Alexander in allen Ländern, die er eroberte, Leute zurück. Das trug dazu bei, die griechische Sprache und Kultur über ein riesiges Gebiet zu verbreiten, und führte dazu, daß einige der beeindruckendsten Baustile und bedeutendsten Ideen der Geistesgeschichte von späteren Kulturen aufgenommen wurden. Alexander starb im Alter von nur 33 Jahren an einem Fieber. Nach seinem Tod ermordeten seine Generäle seine Frau Roxane und ihren kleinen Sohn, der ihnen hätte gefährlich werden können. Dann kämpften sie untereinander um die Herrschaft über das Reich. Am Ende bekam Antigonos Griechenland, Ptolemäus Ägypten und Seleukos den Nahen und Mittleren Osten.

Alexander der Große

Alexander legte riesige Entfernungen zurück, um die Grenzen seines Reiches auszudehnen. Entlang der Strecke seines Feldzugs gründete er Städte, die er alle Alexandria nannte. Die berühmteste und dauerhafteste dieser Gründungen liegt in Ägypten. Er hatte nur wenig Zeit, sich um die Verwaltung seines riesigen Reiches zu kümmern, doch versuchte er zu erreichen, daß die Griechen und seine neuen Untertanen miteinander auskamen.

Alexander auf seinem Lieblingspferd Bucephalus

Perserkönig Dareios III. flüchtete nach seiner verheerenden Niederlage gegen Alexander bei Gaugamela. Wenig später wurde er ermordet.

Alexander besuchte den Tempel des Amun bei Siwa, wo der Gott ihn als seinen Sohn bezeichnete.

Alexander starb 323 v. Chr. in Babylon. Sein Grab ist in Alexandria in Ägypten.

Die Feldzüge

Die Karte zeigt die wichtigsten Ereignisse im Leben Alexanders. Bei der Eroberung der Königreiche Kleinasiens gewann Alexander bei Granikos und Issos zwei große Schlachten gegen die Perser. Danach wandte er sich gen Süden und unterwarf Phönikien, Judäa und Ägypten, wo er zum Pharao gekrönt wurde. Dann schlug er die Perser bei Gaugamela, bevor er nach Indien zog, wo er am Fluß Hydaspes siegte. Er wäre weitergezogen, wären seine Truppen nicht so erschöpft gewesen.

Griechische Götter

Die Griechen hatten 12 Hauptgötter – fünf davon sind rechts abgebildet. Weiterhin gab es Hera, Schutzgöttin der Ehe und Gattin des Zeus; ihre Schwester Hestia, Göttin des Herdes und des Hauses; Apollon, Gott der Sonne und der Künste; Aphrodite, Göttin der Liebe und der Schönheit; Pluto, Gott der Unterwelt; Ares, Kriegsgott und Sohn des Zeus und der Hera sowie den Götterboten Hermes. Daneben gab es noch weniger wichtige Götter für die verschiedensten Bereiche.

Die Jagdgöttin Artemis war auch Mondgöttin und Beschützerin von Frauen und Kindern.

Zeus, der König der Götter, war Wettergott. Sein Symboltier ist der Adler.

Demeter, die Göttin des Ackerbaus, schenkte den Feldern Fruchtbarkeit und ließ das Getreide reifen und wachsen.

Poseidon, der Gott des Meeres, war ein Bruder von Zeus und Pluto. Er hält den Dreizack, das Symbol der Fischer.

Athene, die Lieblingstochter des Zeus, war die Göttin der Weisheit und des Krieges sowie die Schutzgöttin Athens. Ihr heiliges Tier ist die Eule.

Pythagoras wurde um 560 v. Chr. auf der griechischen Insel Samos geboren. Er war Astronom und Mathematiker. Berühmt ist vor allem sein für die Geometrie grundlegender »Pythagoreischer Lehrsatz«.

Wissensdurst

Im 6. Jh. v. Chr. begannen griechische Denker sich darum zu bemühen, möglichst viel über Leben und Universum herauszufinden. Diese Männer wurden Philosophen genannt: »Weisheitsliebende«. Sie erforschten die Funktionsweise des Körpers, berechneten mathematische Probleme und beobachteten die Planeten. Aristoteles z. B., der Lehrer Alexanders, untersuchte und beschrieb Hunderte von Tierarten. Diese frühen griechischen Studien bildeten die Grundlage für die moderne Biologie, Medizin, Mathematik, Astronomie und Philosophie.

Der Tempel war von einer Säulenreihe umgeben. Es gab einen Hauptraum, in dem die Statue der Gottheit untergebracht war, sowie einen Lagerraum für den Tempelschatz.

Die Außenseite war mit Reliefdarstellungen und Statuen geschmückt, die traditionell rot und blau bemalt waren.

Die Griechen bauten ihren Göttern eindrucksvolle Tempel. Die Überreste dieses dorischen Poseidon-Tempels stehen bei Paestum in Süditalien.

Griechische Tempel wurden auf einem Unterbau errichtet.

Nach einem Trinkgelage in Persepolis befahl Alexander, den Palast in Brand zu setzen, bevor er nach Indien weiterzog.

Alexander heiratete die baktrische Adelige Roxane. Seine zweite Frau war persische Prinzessin. Er ermunterte seine Leute, ebenfalls persische Frauen zu heiraten.

Am Fluß Hydaspes kämpfte Alexander gegen die Kriegselefanten des Poros, König im Pandschab.

Gebaut für die Ewigkeit

Die griechischen Häuser waren meist einfache Gebäude aus Ziegeln und Holz mit Lehmboden. Ihr ganzes Geld und Können steckten die Griechen in öffentliche Bauten, vor allem in Tempel. Obwohl auch diese zuerst aus Holz und Stroh waren, baute man sie ab dem 6. Jh. v. Chr. aus Stein oder Marmor und deckte ihre Dächer mit gebrannten Tonziegeln. Die Architekten legten größten Wert auf einen harmonischen Gesamteindruck. Viele Bauwerke besaßen dekorative Säulen. Hier gab es zunächst zwei Hauptstilrichtungen: den dorischen mit recht einfachen, wuchtigen Säulen und den eleganteren ionischen Stil mit schlankeren, dekorierten Säulen. Öffentliche Gebäude wurden mit Friesen, Statuen und Wandmalereien versehen.

Im Theater bei Milet in der heutigen Türkei finden noch immer Aufführungen statt.

Die Olympiaden

Wettkämpfe von Athleten gehörten zu allen wichtigen religiösen Festen in Griechenland. Die bedeutendsten waren die Olympischen Spiele, die alle vier Jahre fünf Tage lang stattfanden. Da alle männlichen Bürger bei Kriegen für ihren Stadtstaat kämpften, mußten sie sich körperlich fit halten. Viele der Disziplinen, wie Speerwerfen oder Ringen, waren kriegerischen Ursprungs. Für die Dauer der Spiele mußten sämtliche Kriege unterbrochen werden, damit die Sportler aus der gesamten griechischen Welt sicher nach Olympia reisen konnten.

Schwarz- und rotfigurige griechische Keramik wurde aus Ton hergestellt, der hauptsächlich aus der Gegend um Athen stammte. Die Vase zeigt einen Pferdewagen von einem Rennen bei den Olympischen Spielen. Andere Sportarten waren Wettrennen, Fünfkampf, Boxen und Ringen. Frauen durften an den Olympischen Spielen weder teilnehmen noch zuschauen.

Theater

Die ältesten großen Dramen wurden von Griechen geschrieben. Auf den Feiern zu Ehren des Dionysos in Athen schrieben und rezitierten die Dichter Lieder. Im Laufe der Zeit wurden die Lieder immer länger und von immer mehr Leuten vorgetragen, so daß sie sich allmählich zu Theaterstücken entwickelten. Es gab drei Arten: Komödien, Tragödien und Satyrspiele. Für die Aufführungen wurden eigens Freilufttheater gebaut. Alle – auch weibliche – Rollen wurden von Männern gespielt; alle Schauspieler trugen Masken.

Rom – Aus Dörfern zum Weltreich

Das Römische Reich war das größte und mächtigste Reich, das Europa je gekannt hat. Um 220 n. Chr., zur Kaiserzeit, herrschte Rom über die größten Teile Europas, über Nordafrika und weite Teile des Nahen Ostens. Die römische Geschichte hatte um 750 v. Chr. mit ein paar bäuerlichen Gemeinschaften auf den Hügeln am Unterlauf des Tibers begonnen. Im Lauf der Zeit wuchsen ihre Dörfer zu einer mächtigen Stadt zusammen. Schon bald beherrschten die zähen Bauern, die hervorragende Soldaten abgaben, ihre Nachbarn. Um 264 v. Chr. hatten sie bereits ganz Italien unterworfen. Mit der Zeit wurden die Römer aber immer ehrgeiziger. Sie bildeten riesige Heere, um neue Gebiete zu erobern und zu kontrollieren. Sie bauten Straßen, um ihre Armeen rasch von einer Stelle des Reiches zu einer anderen bringen zu können. Den eroberten Gebieten brachten sie die lateinische Sprache, ihre Baukunst und ihr Verwaltungssystem. Selbst nach dem Zusammenbruch des westlichen Teils des Reiches im Jahr 476 n. Chr. blieb vieles bestehen, was noch heute unser tägliches Leben beeinflußt.

Diese Büste stellt Octavian dar, den ersten römischen Kaiser. 27 v. Chr. verlieh man ihm den Titel Augustus, was »Der Erhabene« bedeutet.

Die römischen Herrscher

Anfangs wurde Rom von Königen beherrscht. Um 507 v. Chr. wurde die Republik gegründet, in der von Bürgern gewählte Adlige regierten. Sie hatte fast 500 Jahre Bestand. 49 v. Chr. kam es zum Bürgerkrieg. Um den Frieden wiederherzustellen, legten die Römer die Macht in die Hand eines einzigen Mannes: Octavian. Er wurde der erste römische Kaiser. Einige der späteren Kaiser wie Trajan waren beliebt und gute Herrscher, andere jedoch waren grausam. So ermordete Domitian jeden, der ihm nicht recht gab, und Caligula war so verrückt, daß er sein Pferd zum Senator ernannte.

Julius Caesar war ein berühmter Feldherr. Er wurde am 15. März 44 v. Chr. von politischen Rivalen ermordet.

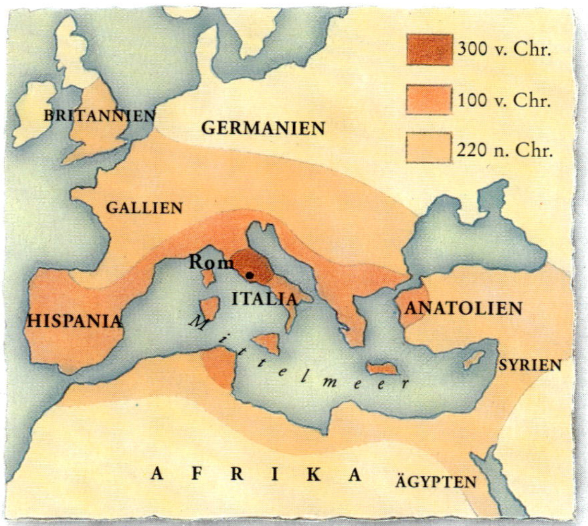

Diese Karte zeigt die Entwicklung des Römischen Reiches zwischen 300 v. Chr. und 220 n. Chr., als es seine größte Ausdehnung erreichte.

Römische Ingenieure erbauten diesen beeindruckenden Aquädukt von Segovia, um aus den Bergen der Umgebung Wasser in die Stadt zu leiten.

Der Senat

In der Republik standen zwei Konsuln an der Spitze des Staates. Ihnen zur Seite stand der Senat, eine Versammlung von hochgestellten Persönlichkeiten (Senatoren), welche die Gesetze erließen. Anfangs kamen sie aus reichen römischen Familien (Patriziern). Konsuln wie Regierungsbeamte wurden vom Volk (Plebejer) gewählt. Später – nach Streiks und Protesten – erhielten die Plebejer das Recht, Gesetze zu verhindern. Die Kaiser nahmen ihnen dieses Recht jedoch wieder.

Senatoren trugen weißen Umhänge, Toga genannt, mit einem purpurroten Streifen am Rand.

Straßenbau

Die Römer überzogen ihr ganzes Reich mit einem dichten Straßennetz. Dies war sehr vorteilhaft für Heer, Postsystem und Handel. Die Straßen hatten einen geraden Verlauf, wobei Brücken und Viadukte – eine Reihe von Bögen – Flüsse und tiefe Täler überspannten. Die Straßen waren so gut gebaut, daß sie das Reich um Jahrhunderte überdauerten. Viele Straßen im heutigen Europa folgen noch immer den alten römischen Verkehrswegen.

Das römische Heer

Die Römer konnten ihr großes Reich mit Hilfe ihres Heeres erobern und beherrschen. Sie besaßen die am besten ausgebildeten und ausgerüsteten Truppen. Die Einheiten (Legionen) kämpften in Formationen, die Schwerter und Speere verwendeten und sich mit Schilden schützten. Jede Nacht errichteten sie ein Lager, das sie morgens wieder abbrachen. An den Grenzen des Reiches hatten sie feste Stellungen.

Größere und bessere Bauten

Zunächst kopierten die Römer griechische Baustile. Doch seit dem 2. Jh. v. Chr. konnten sie aus Vulkanasche eine Art Beton herstellen. Dies ermöglichte die Errichtung viel größerer und stabilerer Bauwerke. Sie entwickelten den Bogen, der die Last besser verteilt und die Überspannung größerer Strecken ermöglicht. Sie bedienten sich des Bogens, um Brücken, Aquädukte und Amphitheater zu bauen, wie das Kolosseum in Rom, wo Gladiatorenkämpfe stattfanden.

Im Herzen jeder römischen Stadt gab es einen freien Platz, das Forum. Einige Gebäude des Forums von Rom stehen noch heute.

Religion

Die Römer verehrten viele Gottheiten, die für verschiedene Bereiche des Lebens zuständig waren. Venus z. B. war Göttin der Liebe und der Schönheit, Mars der Gott des Krieges. Dann wurde eine neue Religion populär – das Christentum. Seine Anhänger glaubten, daß Jesus Christus der Sohn des Einen Gottes der Juden sei. Obwohl Jesus getötet worden war, breitete sich das Christentum rasch aus. 391 n. Chr. wurde es zum offiziellen Glauben des Reiches.

Rom – Das Leben in der Stadt

Um 300 n. Chr. lebten in der Stadt Rom rund eine Million Menschen. Es war eine großartige Stadt, mit Palästen für den Kaiser und seine Familie und schönen Häusern für die Wohlhabenden. Überall ließen die Kaiser Standbilder von sich selbst aufstellen sowie Triumphbögen und Säulen errichten, die ihre Siege verherrlichten. Es gab mehrere Foren – offene Plätze, die für Märkte sowie für gesellschaftliche oder politische Versammlungen genutzt wurden – wie auch Theater, Bibliotheken, öffentliche Bäder und Läden, in denen Waren aus dem ganzen Reich feilgeboten wurden. Für die Reichen war das Leben sehr angenehm.
Den Armen ging es nicht so gut. Sie lebten in überfüllten Wohnblocks in schmutzigen, lauten und oft gefährlichen Vierteln. Die mehrstöckigen Häuser stürzten oft ein oder gingen in Flammen auf. Für Sklaven war das Leben noch trostloser. Sie mußten die schwersten und schmutzigsten Arbeiten tun oder wurden zu Kämpfen ausgebildet, um als Gladiatoren im Kolosseum zu sterben.

Die Römer nutzten jede Gelegenheit, um zu feiern. Dieses Gemälde von Sir Lawrence Alma-Tadema (1836-1912) zeigt die Prozession beim Fest der Cerialia, das alljährlich im April zu Ehren der Göttin des Ackerbaus, Ceres, stattfand.

Das Familienleben

Der Vater war das Oberhaupt der Familie, zu der auch Enkelkinder und Sklaven zählten. Er konnte sogar über Leben und Tod entscheiden. Ein Neugeborenes mußte von seinem Vater als Familienmitglied anerkannt werden, sonst wurde es ausgesetzt und dem Tod überlassen. Einmal angenommen, gab das Kind Anlaß für ein großes Fest, bei dem das Haus mit Blättern und Blumengirlanden geschmückt wurde. Am neunten Tag nach ihrer Geburt erhielten die Kinder eine Kapsel mit einem Amulett, Bulla genannt, das Knaben bis zur Mündigkeit, Mädchen bis zur Hochzeit an Halsketten trugen. Wurden die Kinder älter, entschieden die Eltern, wen sie einmal heiraten würden.

Die Tunika allein wurde von ärmeren Leuten getragen. Sie war bequemer bei der Arbeit.

Die Amtskleidung des römischen Bürgers war die Toga. Sie bestand aus einem großen halbkreisförmigen Stück Wollstoff, das über der Tunika getragen wurde.

Jungen und Mädchen trugen Tuniken. Wurde ein Junge 14 Jahre alt, ging er mit seinen Eltern zum Forum. Dort legte er sein Kinderamulett ab und zog die Toga eines Erwachsenen an.

Frauen trugen elegante Wolltuniken. Darüber kam eine Stola – ein Gewand, das bis zu den Füßen reichte. Über der Stola konnte noch eine sogenannte Palla getragen werden.

Das Innere eines römischen Hauses

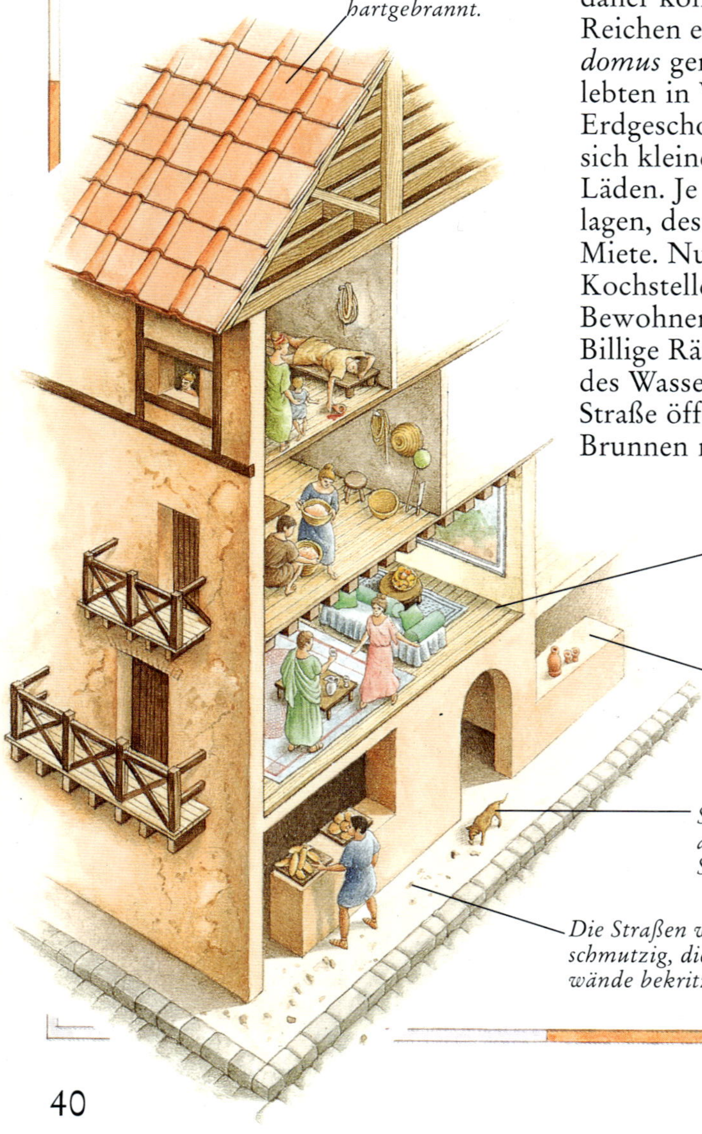

Die Ziegel wurden in Tonformen gegossen und dann hartgebrannt.

Wohnungen im ersten Stock hatten große Räume mit schönen Möbeln.

In den Läden wurden Brot, Fleisch, Gemüse und Obst sowie Haushaltswaren verkauft.

Streunende Hunde suchten auf den Straßen nach Speiseresten.

Die Straßen waren meist schmutzig, die Häuserwände bekritzelt.

Häuser und Läden

Baugrund war in Rom sehr knapp, daher konnten sich nur die ganz Reichen ein eigenes Haus leisten, *domus* genannt. Die meisten Römer lebten in Wohnblocks (*insula*). Im Erdgeschoß einer *insula* befanden sich kleine, zur Straße hin offene Läden. Je weiter oben die Räume lagen, desto niedriger war die Miete. Nur wenige Räume hatten Kochstellen, daher mußten sich die Bewohner warmes Essen kaufen. Billige Räume hatten kein fließendes Wasser, doch gab es in jeder Straße öffentliche Toiletten und Brunnen mit Trinkwasser.

Ausbildung

Reiche Eltern schickten ihre Söhne zur Schule oder stellten Privatlehrer ein. Jungen kamen mit sechs Jahren in die Schule. Wenn sie Grundkenntnisse im Lesen, Schreiben, Rechnen hatten, gingen sie zu einem höheren Lehrer, dem *grammaticus*, der Literatur, Geschichte, Mathematik und Astronomie lehrte. Mit 14 Jahren erlernten diejenigen, die Politiker werden wollten, Rhetorik, die Kunst der freien Rede. Die Mädchen erwarben sich ihre hauswirtschaftlichen Fähigkeiten zu Hause. Ärmere Kinder hatten keine Chancen – sie mußten arbeiten.

Die Fontana di Trevi, der berühmteste Brunnen Roms, wurde um 1750 gebaut, um das Wasser des alten Aquädukts Aqua Virgo zu nutzen. Der Aquädukt stammt aus der Zeit des Kaisers Augustus.

Die Wasserversorgung

Rom brauchte täglich riesige Mengen an Wasser, das mit Aquädukten in die Stadt geleitet wurde – große Wasserleitungen, die über tieferliegende Gebiete auf Brücken geführt wurden, um die Fließgeschwindigkeit des Wassers konstant zu halten. Reiche Leute ließen sich das Wasser direkt in ihre Häuser leiten und mußten dafür Gebühren bezahlen. Viele zapften das öffentliche Leitungsnetz daher heimlich an. Die öffentlichen Bäder waren riesige Gebäude mit heißen und kalten Becken. Tausende von Menschen besuchten sie.

Stadtplan von Rom
Dieser Plan zeigt Rom um 300 n. Chr. Tempel, Triumphbögen, Foren, Badehäuser, Grabgebäude (Mausoleen) und Aquädukte wurden unter den verschiedenen Kaisern erbaut, nach denen sie benannt sind. Die Stadtmauer hatte Kaiser Aurelian um 270 n. Chr. errichten lassen.

Legende

1 Hadrian-Mausoleum
2 Augustus-Mausoleum
3 Gärten des Lucullus
4 Claudiusbogen
5 Stadion des Domitian
6 Pantheon des Hadrian
7 Thermen des Diocletian
8 Lager der Prätorianergarde
9 Forum des Trajan
10 Forum Romanum
11 Tiberinsel
12 Kolosseum
13 Thermen des Trajan
14 Tempel des Claudius
15 Circus Maximus
16 Thermen des Caracalla

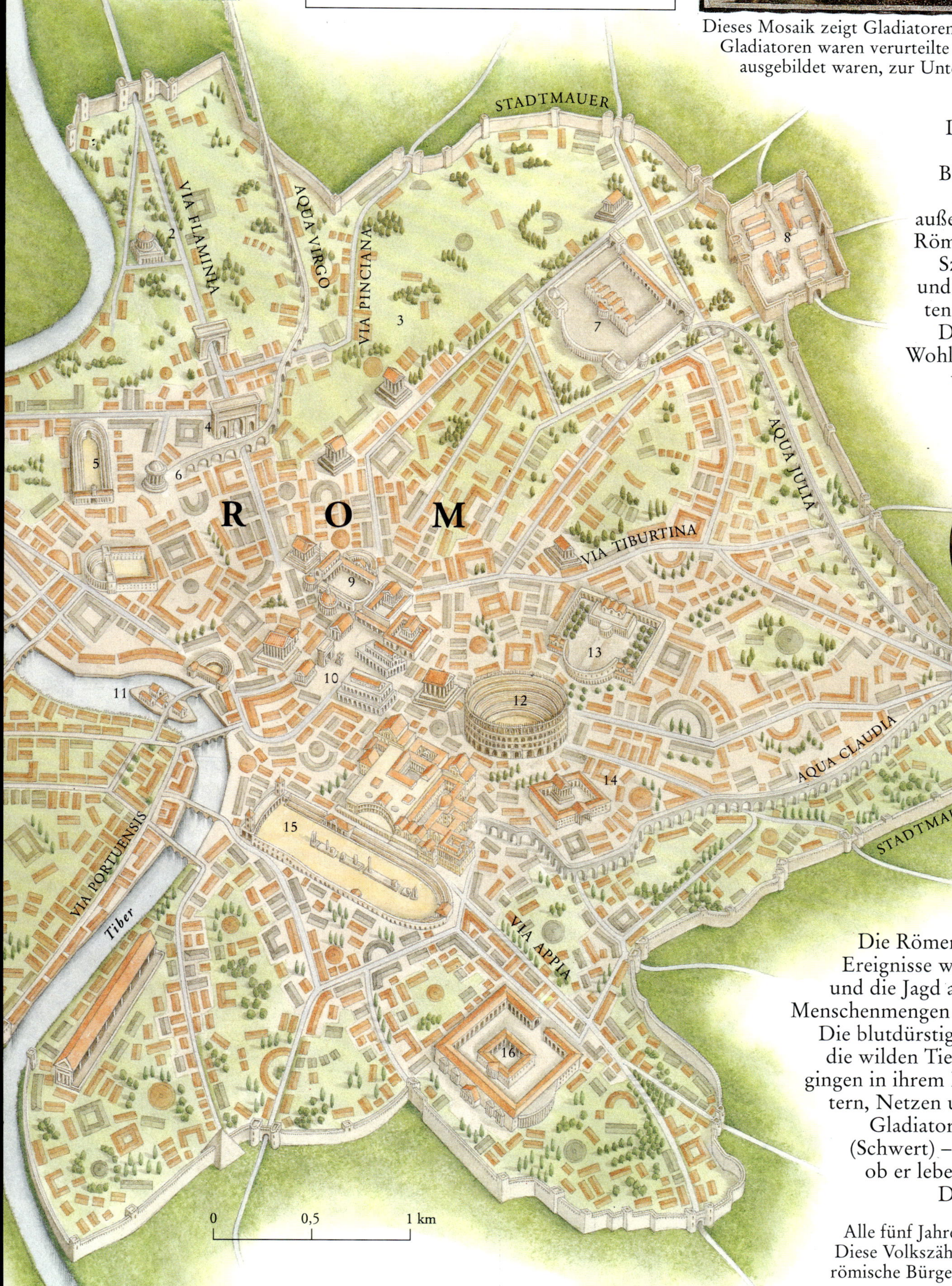

Dieses Mosaik zeigt Gladiatoren beim Versuch, sich gegenseitig umzubringen. Gladiatoren waren verurteilte Verbrecher oder Sklaven, die extra dazu ausgebildet waren, zur Unterhaltung der Zuschauer zu kämpfen.

Hausschmuck

Die Römer bewunderten die griechische Kunst und ließen sich von griechischen Bildhauern und Malern ihre Wohnungen ausschmücken. Stadthäuser waren nach außen hin oft schmucklos, doch die reichen Römer ließen sich die Innenwände gern mit Szenen aus der Mythologie oder Garten- und Landschaftsmotiven bemalen. Sie stellten auch elegante Statuen von Göttern auf. Die Böden waren mit Mosaiken bedeckt. Wohlhabende Römer besaßen schöne Möbel und manchmal sogar griechische Vasen.

Dieses Gemälde zeigt, was für ein Schlachtfeld das Kolosseum sein konnte. Die Römer waren begeistert von exotischen Tieren. Löwen, Tiger, Nashörner und Bären wurden herbeigeschafft, um sie miteinander kämpfen zu lassen.

Römische Spiele

Die Römer liebten Unterhaltung. Die beliebtesten Ereignisse waren Wagenrennen, Gladiatorenkämpfe und die Jagd auf wilde Tiere. Die Spiele zogen riesige Menschenmengen an, die Geld auf die Sieger verwetteten. Die blutdürstige Menge schaute begeistert zu, wie sich die wilden Tiere gegenseitig umbrachten. Gladiatoren gingen in ihrem Kampf um Leben und Tod mit Schwertern, Netzen und Speeren aufeinander los. Wurde ein Gladiator – die Bezeichnung kommt von *gladius* (Schwert) – verwundet, entschieden die Zuschauer, ob er leben oder sterben solle, indem sie mit dem Daumen nach oben oder unten deuteten.

Alle fünf Jahre wurden die Römer bei einem *census* gezählt. Diese Volkszählung hatte den Zweck, festzustellen, wie viele römische Bürger es gab und wer als Soldat eingesetzt werden konnte. Jeder römische Bürger hatte Anspruch auf eine Gratisration Getreide. Der hier dargestellt *census* (links) fand während eines religiösen Festes statt, auf dem ein Stier, ein Schaf und ein Schwein geopfert wurden.

Die Reichtümer Arabiens

Die Wüsten Arabiens gehören zu den heißesten und trockensten Gebieten der Welt. Die Menschen, die in diesem unwirtlichen Land lebten, gehörten zu nomadischen Stämmen, die mit ihrem Vieh von einem Wasserloch zum nächsten wanderten. Sie lebten von der Vegetation, die nach den spärlichen Winterregenfällen wuchs. Entlang den fruchtbaren Küsten im Westen und Süden jedoch gab es geschäftige Handelsstädte mit gepflasterten Straßen und seßhaften Völkern. Und in Mekka wurde der Islam gegründet, eine der großen Weltreligionen.

Die Araber der südlichen Königreiche genossen sagenhafte Reichtümer. Bei Marib errichteten sie einen imposanten Staudamm, mit dem sie die Bewässerung ihrer Felder regulierten. Aber es war der Handel, der die Araber reich machte. Die Harze des Myrrhe- und Weihrauchbaumes versorgten die Völker benachbarter Kulturen mit Räucherwerk für religiöse Zeremonien. Die Kaufleute handelten mit Gold, Edelsteinen und Elfenbein sowie mit Kupfer, Zinn und Eisen über weitverzweigte Handelswege nicht nur mit den Ländern des Mitelmeerraumes, sondern auch mit Ostafrika, Indien und China.

Ein nabatäischer Handwerker beim Bemalen eines Tongefäßes

Das Leben in der Wüste

Nomadisierende Araber heißen Beduinen, was »Wüstenbewohner« bedeutet. Jede Familie lebte mit ihren wenigen Habseligkeiten in einem großen Zelt aus Ziegenhaar. Diese Zelte spendeten am Tag Schatten, in den kalten Wüstennächten aber wärmten sie. Die Beduinen hielten Schafe und Ziegen, später züchteten sie auch Pferde und Kamele. Als die Kamele um 1100 v. Chr. gezähmt wurden, bedeutete dies einen großen Fortschritt, denn Kamele können pro Tag bis zu 160 km zurücklegen – und das acht Tage lang und ohne zu trinken. Die Menschen konnten nun die Wüsten durchqueren, was vorher nicht möglich gewesen war.

Die Araber setzten Kamele sehr wirkungsvoll im Kampf ein. Das assyrische Steinrelief stellt die Abwehr assyrischer Angriffe durch arabische Herrscher dar.

In der Stadt Petra im heutigen Jordanien hatte man Tempel, Gräber und Denkmäler aus dem Fels gehauen. Dieses Gebäude, das vermutlich um 100 v. Chr. entstand, heißt Chasneh (Schatzhaus). Petra liegt in einem Felsenkessel aus nubischem Buntsandstein. Da es nur einen Zugang gab, war die Stadt gut zu verteidigen.

Die Nabatäer

Die Nabatäer lebten im nördlichen Arabien. Im 4. Jh. v. Chr. gründeten sie ein Königreich, welches das Gebiet des früheren biblischen Landes Edom umfaßte. Ihre Hauptstadt Petra kontrollierte die aus Südarabien kommende Weihrauchstraße. Petra verfügte auch über die einzige sichere Quelle des Landes. Das Wasser wurde durch Kanäle und Röhren in die Stadt geleitet. Auf dem Höhepunkt ihrer Macht, im 1. Jh. n. Chr., beherrschten die Nabatäer selbst so weit nördlich gelegene Gebiete wie Damaskus. Im Jahr 105 n. Chr. eroberten die Römer ihr Reich.

Das Leben Mohammeds

Der Prophet Mohammed (571-632 n. Chr.) war Kamelkarawanen-Führer und befaßte sich intensiv mit Religion. Nach Jahren des Gebets und tiefen Nachdenkens glaubte er von dem Einen Gott, Allah, eine Offenbarung erfahren zu haben. Von nun an predigte er einen neuen Glauben, der die völlige Unterwerfung unter den Willen Gottes forderte. Damit fand er zunächst in seiner Heimatstadt Mekka keinen Anklang. Er floh nach Medina und kehrte später mit einer siegreichen Armee zurück. Von da an breitete sich der Islam rasch aus. Ihre Anhänger heißen Moslems oder Muslime.

Pilger in Mekka beten vor der Kaaba, dem zentralen Heiligtum des Islam. Abraham soll sie mit seinem Sohn Israel erbaut haben.

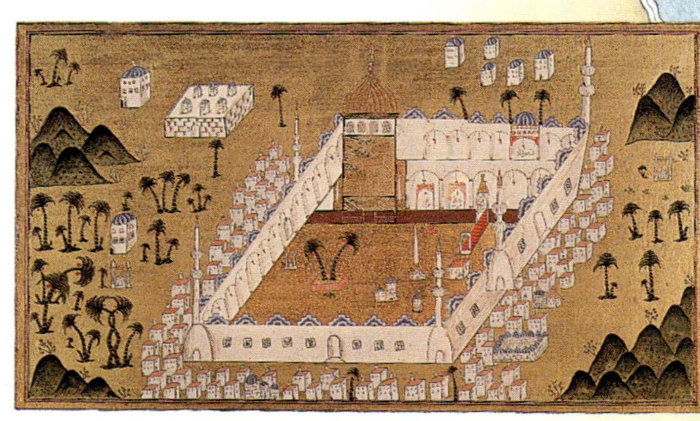

Dieses Kachelbild zeigt die Heilige Moschee des Propheten Mohammed in Medina. In der Moschee befindet sich das Grab Mohammeds, was Medina zu einer der heiligsten Städte des Islam macht.

Von vielen Göttern zum Einen Gott

Die frühen Araber verehrten mehrere Gottheiten, so den Mondgott und die Sonnengöttin sowie Atarsamain, die Göttin der Liebe. Doch Mohammed predigte, daß es nur einen Gott gebe, Allah. Muslime haben fünf religiöse Pflichten. Sie müssen an den Einen Gott glauben und bekennen, daß Mohammed sein Prophet ist. Fünfmal am Tag müssen sie nach Mekka gerichtet beten. Sie sollen Almosen geben, während des Monats Ramadan streng fasten und wenigstens einmal im Leben Mekka besuchen.

Die Karte rechts zeigt die Ausdehnung des Islamischen Reiches vom Tod Mohammeds 632 n. Chr. bis zum Ende der Expansion 750 n. Chr.

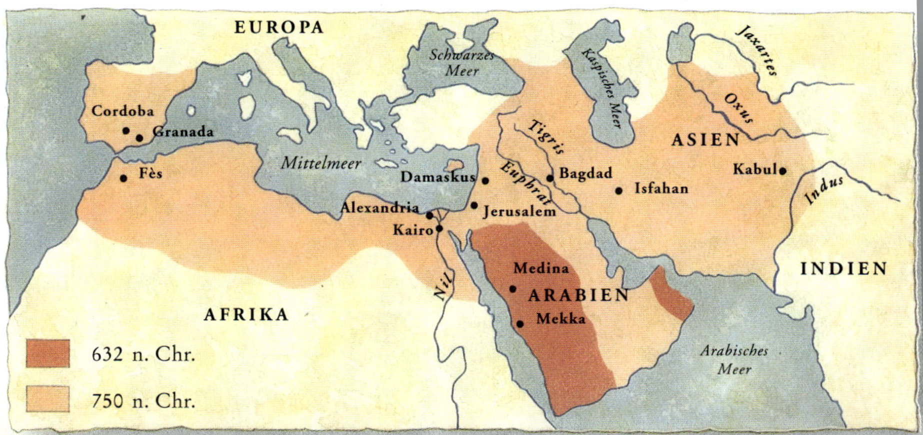

Die Ausbreitung des Islam

Vom neuen islamischen Glauben beflügelt, drängte es die Araber über die Grenzen Arabiens hinaus. Durch Kriege und Eroberungszüge gewannen sie ein riesiges Reich, das sich vom Nahen Osten bis nach Indien und über Nordafrika nach Südeuropa erstreckte. Die Mehrheit der einheimischen Völker bekehrten sie zum Islam. Doch sie übernahmen auch viel von der Kultur und dem Wissen ihrer neuen Provinzen, was eine ganz eigene, neue Zivilisation entstehen ließ.

Das Foto zeigt Terrassenfelder im Südwesten der Arabischen Halbinsel (im heutigen Jemen) nach dem Augustregen.

Glückliches Arabien

Entlang der Küste Arabiens gab es genug Wasser für die Landwirtschaft. Die Römer, die nur von diesen Gebieten und dem Weihrauchhandel wußten, zeigten großes Interesse an dem Land, das sie »Glückliches Arabien« nannten. 25 v. Chr. sandte Augustus eine Expedition ins Innere, doch als diese nichts als sengende Sandwüste fanden, ließen sie jeden Gedanken an eine Eroberung fallen.

Afrika – Goldene Königreiche

Afrika ist ein riesiger Kontinent. Hier befindet sich vermutlich die Wiege der Menschheit. Durch die Wüstengebiete der Sahara vom Rest der Welt abgeschnitten, erblühten und vergingen hier seit 700 n. Chr. sagenumwobene Königreiche. Vor über 3000 Jahren lebten in Afrika südlich der Sahara Jäger und Sammler. Aus den Wäldern Westafrikas wanderten jedoch allmählich Bantu-Völker nach Osten und Süden. Um 500 v. Chr. erreichten sie das Gebiet des Kongo, um 400 n. Chr. schließlich Südafrika.
Im westafrikanischen Kernland der Bantu entstanden einige der ersten bedeutenden Städte Afrikas. Königreiche wie Ghana, Mali, Benin und das Reich der Songhai trieben Handel (vor allem mit Gold) mit den Muslimen, die im 8. Jh. n. Chr. in Nordafrika eindrangen. Im Osten des Kontinents lag Meroë, die Hauptstadt der ersten bedeutenden Kultur Afrikas außerhalb Ägyptens. Im Süden lag Simbabwe mit seiner beeindruckenden, ohne Mörtel aus Granit erbauten Festung. Die Stadt war ein wichtiges religiöses, politisches und wirtschaftliches Zentrum des südlichen Afrika.

Dieser Papyrus-Behälter aus Gold gehörte König Aspelta von Kusch. Er stammt etwa von 590 v. Chr. und aus der Nähe von Napata.

Das Königreich von Meroë

Südlich von Ägypten lagen die Reiche Nubien und Kusch, die lange von den Ägyptern beherrscht wurden. Im Jahr 728 v. Chr. jedoch ergriffen sie für fast 100 Jahre die Macht über Ägypten. Schließlich zogen sie sich wieder zurück und gründeten im 3. Jh. v. Chr. die Hauptstadt Meroë. Hier erbauten sie eine eindrucksvolle Residenz, einen Tempel für ihren Löwengott Apedemak sowie steilwandige Pyramidengräber. Ihre Kunst, Architektur und Religion waren zwar von Ägyptern beeinflußt, hatten jedoch eigene Züge. Die Meroïten entwickelten früh aus der demotischen Schrift und den Hieroglyphen eine eigene Schrift. Sie hielten Rinder, bauten Baumwolle an und bewässerten ihre Felder mit Wasserrädern. Es gab auch Eisenschmiede und Händler, die mit den Mittelmeerländern und Indien Handel trieben. Im 4. Jh. n. Chr. fielen Invasoren aus Aksum in Meroë ein.

Bantu-Völker

Die Bantus waren Hirten und Bauern, die sich von Westafrika her über den ganzen Kontinent ausbreiteten. Dank ihrer Überlegenheit bei der Eisenbearbeitung konnten sie Werkzeuge und Waffen herstellen, die ihnen die Wanderung in andere Gebiete Afrikas erleichterten. Schmiede besaßen in der Gesellschaft einen Sonderstatus. Die Bantus fanden einen Weg ins Kongobecken und einen zweiten, der sie nach Osten und in den Süden führte. Die Jäger und Sammler, die zuvor hier gelebt hatten, zogen sich in jene Gebiete zurück, an denen die Bantus kein Interesse hatten.

Große Königreiche

In Westafrika gab es große Königreiche – Ghana (700-1200 n. Chr.), Mali (1200-1500 n. Chr.) und das Reich der Songhai (1350-1600 n. Chr.). Gold war die Hauptquelle ihres Reichtums. Kaufleute brachten Waren vom Mittelmeerraum zum Südrand der Sahara und tauschten sie gegen Gold und Sklaven, Sandelholz, Felle und Kolanüsse. Von hier wurden die Waren in die Königreiche Westafrikas und ins Innere weiterbefördert. Durch ihren Kontakt zu den muslimischen Händlern wurden viele Afrikaner zum Islam bekehrt.

Diese Terrakotta-Figur aus dem 12. Jh. n. Chr. wurde in einem Grabhügel bei Jenne gefunden.

Dieser Bronzekopf stellt eine Königinmutter von Benin dar. In Benin wurden seit dem 4. Jh. n. Chr. viele solcher Köpfe und Figuren hergestellt.

Das Urwaldreich Benin

Benin wurde im 11. Jh. n. Chr. im heutigen Nigeria gegründet. Sein eigenes Volk nannte es Edo. Unter der Herrschaft von Ewuare dem Großen, der den Titel *oba*, Herrscher, trug, kam es im 14. Jh. zu großer Macht. Der *oba* lebte in einem riesigen Palast innerhalb der Stadtmauern Benins. Händler verkauften den Portugiesen Elfenbein, Pfeffer, Palmöl und Sklaven. Da das Volk von Edo keine Schrift hatte, wurde ihre Geschichte nur mündlich überliefert.

Entlang der großen Flüsse Afrikas waren viele Dörfer vom Fischfang abhängig.

Die Bantus waren geschickte Eisenschmiede. Sie benutzten Schmelzöfen aus Lehm, die sie mit Holzkohle befeuerten.

Eine Frau sammelt am Rand der Kalahari-Wüste die Schoten eines Akazienbaumes.

Die ins südliche Afrika eingewanderten Khoikhoin lebten von der Rinderzucht.

Von 1270 bis 1450 n. Chr. war das von einer Steinmauer umgebene Simbabwe Hauptstadt des großen Shona-Reiches.

An der Ostküste entstanden bedeutende Hafenstädte, wo lokale Herrscher mit arabischen Kaufleuten Handel trieben. Hier wird Goldstaub gewogen.

Die Frauen auf Madagaskar nahmen hölzerne Hacken, um den Boden für den Hirseanbau zu bearbeiten. Das Getreide war vom Festland eingeführt worden.

Das Leben in Aksum

Der Königspalast von Takija Mariam war das bedeutendste Gebäude der Stadt.

Bis zu 30 m hohe Türme wurden mit religiösen Darstellungen verziert.

Die meisten Menschen wohnten in Rundhütten aus Lehm und Stroh.

Steinblöcke aus Kalkstein und Marmor wurden für den Bau der Paläste und anderer wichtiger Gebäude bearbeitet.

Aksum

Das Königreich Aksum lag nahe dem Südende des Roten Meeres, eine für den Handel mit Elfenbein, Weihrauch und Gewürzen gute Lage. Die Aksumiten wurden reich und mächtig unter König Ezana (320-350 n. Chr.). Im 6. Jh. n. Chr. eroberten sie einen Teil Arabiens. Der größte Teil des Volkes waren Bauern, Handwerker oder Bauarbeiter. Aksum war eins der ersten Länder Afrikas, die das Christentum annahmen.

Dieses Elfenbeinhorn wurde im 16. Jh. n. Chr. von afrikanischen Handwerkern geschnitzt. Es war für den Export bestimmt und trägt das portugiesische Wappen.

Die Handelsvölker Ostafrikas

Gold und Elfenbein, Sklaven, Kupfer, Eisen, Smaragde, Gewürze und Tierhäute zogen Kaufleute aus der muslimischen Welt, aus Indien und China an die Ostküste Afrikas. Die Herrscher der Küstenstädte wie Mogadishu, Malindi und Kilwa spielten die Rolle von Zwischenhändlern. Da alle Waren aus dem Inneren durch ihre Städte mußten, konnten sie diese besteuern und wurden sehr reich. So hatte z. B. der Sultan von Kilwa einen herrlichen Palast mit über 100 Zimmern.

Indien – Das Zeitalter der Mauryas

Nach 322 v. Chr. wurde Indien von Königen der Dynastie der Mauryas regiert, die ein paar hundert Jahre nach dem Zusammenbruch der großen Indus-Kultur an die Macht gekommen waren. Um 600 v. Chr. hatten sich die arischen Invasoren des Industales mit der übrigen indischen Bevölkerung vermischt. Sie führten ihre Sprache ein, das Sanskrit, und verfaßten heilige Hymnen, die »Veden«, welche die Grundlage ihrer Gesellschaft und Religion, des Hinduismus, bildeten. Doch das Land war noch immer in kleine, rivalisierende Königreiche aufgeteilt, die ständig um die Macht im ganzen Reich stritten.

Aus dem Westen jedoch kam eine noch größere Bedrohung. 330 v. Chr., kurz nach seinem Sieg über Persien, marschierte Alexander mit seinem Heer in Indien ein. Doch seine Truppen waren so erschöpft, daß sie schon nach wenigen Monaten wieder abzogen. Dies war der Moment, in dem ein junger indischer Krieger, Chandragupta Maurya, die Macht ergriff. Zunächst stürzte er das erste indische Großreich von Magadha. Dann forderte er den griechischen General Seleukos heraus, der einen Teil des Alexander-Reiches übernommen hatte. Chandragupta erwies sich als kluger Herrscher und großer Feldherr.

Als sein Enkel Ashoka die Herrschaft übernahm, war Indien bereits zu einem großen Reich vereint.

Chandragupta I. vertrieb die restlichen Griechen und wurde Herrscher über das Land, das Alexander erobert hatte.

Ashoka schickte bis nach Ägypten und Libyen Gesandte, um sie zur buddhistischen Lehre der Gewaltlosigkeit zu bekehren.

Zwar haben wir keine Darstellungen der Maurya-Könige, doch zeigt dieses Wandgemälde den prächtigen Lebensstil späterer indischer Herrscher.

Ashoka, der Bekehrte

Das Reich der Maurya erlebte seine Blütezeit unter der Herrschaft Ashokas. Als er um 272 v. Chr. an die Macht kam, galt er als kriegerisch und gewalttätig. Unter seiner Führung wurde das Reich noch größer. Der Wendepunkt in Ashokas Leben kam nach der Schlacht von Kalinga, bei der mehr als 100 000 Soldaten und Zivilisten umkamen. Ashoka war über das Blutbad so entsetzt, daß er sich zum Buddhismus bekehrte. Von nun an änderte sich auch seine Art zu herrschen. Er begann, Buddhas Lehre der Gewaltlosigkeit zu leben, und bemühte sich um Frieden zwischen den Völkern. Er ließ Krankenhäuser bauen und entwickelte Pläne zum Schutz der Wälder.

Die Säule von Sarnath war von diesem Löwen-Kapitell gekrönt. Die vier Löwen schauen in die vier Himmelsrichtungen und symbolisieren die Predigt des Buddha, die mit dem Gebrüll des Löwen verglichen wird. Darunter steht das »Rad der Lehre«, Symbol des gerechten Herrschers wie des Buddhismus. Das Kapitell findet sich heute im indischen Staatswappen, das Rad in der Nationalflagge.

Buddha – Der Erleuchtete

Siddharta Gautama wurde 563 v. Chr. als Sohn eines indischen Fürsten geboren. Beim Anblick des Leidens in der Welt entschloß er sich, als Bettelasket umherzuwandern und Erlösung zu suchen. In Indien herrschte damals der Glaube, daß jeder Mensch immer wieder geboren würde und für gute und schlechte Taten des letzten Lebens bestraft oder belohnt würde. Nach Jahren des Studiums und der Kasteiung erlangte Gautama die Erleuchtung und wurde von nun an Buddha, d. h. »Der Erleuchtete« genannt.

Buddha lehrte seine Anhänger, die Erlösung (Nirvana) zu erreichen und dem Kreislauf der Wiedergeburt zu entgehen.

Bedeutende Bauwerke

Voll religiösem Eifer ließ der zum Buddhismus bekehrte Ashoka Klöster und Stupas (hügelartige Monumente) errichten. Überall im Reich wurden Säulen aus poliertem Sandstein aufgestellt, in die das Gelöbnis eingraviert war, gütig und gerecht zu regieren. Die Maurya-Herrscher lebten in einem prächtigen Palast in Pataliputra. Da es für den Bau in der Gegend nicht genug Stein gab, wurde er aus dem Holz der Tropenwälder errichtet. Der Palast lag in einem Park mit Gärten, Seen und sogar einer Rennbahn.

Dieser Stupa von Sanchi wurde unter Ashoka erbaut. Stupas waren ursprünglich hügelartige Monumente, errichtet über den Reliquien eines buddhistischen Heiligen. In seiner baulichen Anlage ist er zugleich ein kosmologisches Symbol.

Das Gemälde stellt eine Szene aus dem »Mahabharata« dar. Das Versepos erzählt vom Kampf um die Herrschaft zwischen zwei Zweigen der Bharata-Dynastie. Die Szene zeigt Arjuna, den Sohn Indras, nachdem er seinen ihm unbekannten Halbbruder geköpft hat. Die Hindu-Gottheiten Brahma, Indra und Shiva beobachten den Kampf vom Himmel herab.

Die großen Epen

Die indische Literatur ist reich an langen Heldengedichten (Epen) und alten Texten, die von der Entwicklung der Hindu-Religion berichten. So ist z. B. der »Rigveda« eine Sammlung von 1000 kurz nach der Ankunft der Arier gedichteten Hymnen. Die größten Epen sind »Mahabharata« und »Ramayana«.

Völker, Kasten und Religionen

Der Grieche Megasthenes besuchte um 300 v. Chr. den Hof von Chandragupta I. Er berichtete von den hochgewachsenen, stolzen Menschen. Damals hatten religiöse Bräuche das Volk in vier Klassen geteilt, welche die Grundlage des Kastensystems bildeten. Zunächst hing die Zugehörigkeit zu einer Klasse von der Tätigkeit des einzelnen ab, später jedoch zählten die Kinder zur Kaste ihrer Eltern. Der Hinduismus war die wichtigste Religion Indiens, doch gab es auch Anhänger des Buddhismus und des Jainismus, eines Glaubens mit absolutem Tötungsverbot.

Zur Bewässerung der Felder setzte man Ochsen ein, die mit Hilfe von Seilen Wasserbehälter aus den Brunnen hoben.

Pataliputra, das heutige Patna, war die Hauptstadt des Maurya-Reiches. Die Stadt war von einem tiefen Graben umgeben und durch Wehrtürme geschützt.

Entlang der Königsstraße gab es zahlreiche Rasthäuser. Die Hauptverbindung zwischen Pataliputra und Taxila war von Banyanbäumen gesäumt, die Schatten spendeten.

Bei den vielen religiösen Festen traten Tänzer, Musiker und Akrobaten auf.

Ashoka ließ zahlreiche Säulen aufstellen, in die sein Gelöbnis gemeißelt war, getreu der Lehre Buddhas zu regieren.

Indische Gewürze wie Ingwer und Zimt waren geschätzt. Jahrhundertelang waren Händler aus Europa, Afrika und Asien bereit, hohe Preise dafür zu zahlen.

Die meisten Menschen lebten in einfachen Lehmhäusern, die mit Erde und Kuhmist gedeckt waren.

Elefanten mit metallbewehrten Stoßzähnen führten Truppen Ashokas in der Schlacht von Kalinga an.

Mahinda, der Überlieferung nach ein Sohn Ashokas, brachte den Buddhismus im 2. Jh. n. Chr. nach Ceylon, dem heutigen Sri Lanka.

Der Ganges ist der heilige Fluß Indiens. Das rituelle Bad, ein uralter Brauch, bewirkt nicht nur Reinigung von irdischen Sünden, sondern soll auch Krankheiten heilen.

Die vier sozialen Schichten des Kastensystems

Die höchste Kaste bildeten die Brahmanen, die Priester und Gelehrten.

Die Kshatriyas waren die Kaste der Krieger und des Adels, aus der die Könige und Königinnen gewählt wurden.

Die niedrigste Kaste war die der Sudras, der Arbeiter und des dienenden Volks.

Die Angehörigen der Kaste der Vaishyas waren Bauern und Kaufleute. Sie erwirtschafteten die Reichtümer des Landes.

China – Der erste Kaiser

Bis zum Jahr 221 v. Chr. war China in mehrere Reiche geteilt, jedes mit einem eigenen Herrscher. Die miteinander rivalisierenden Staaten führten über 250 Jahre gegeneinander Krieg. Schließlich ging Zheng, der Herrscher des Staates Qin (auf den der Name China zurückgeht), als Sieger hervor. Zum Zeichen seiner Macht verlieh sich Zheng den Titel Qin Shi Huangdi, was »Erster Erhabener Kaiser der Qin« bedeutet.

Zheng war entschlossen, die Einheit des Reiches zu erhalten. Er entmachtete die alten Herrscher und zwang sie, in seiner Hauptstadt Xianyang zu leben. Er unterteilte das Land neu in Distrikte unter der Leitung von Beamten, die für eine effiziente Verwaltung verantwortlich waren. Zheng ließ ein Netz von Straßen und Kanälen bauen, die alle Teile des Landes miteinander verbanden. Von einem riesigen Heer von Arbeitern ließ er die Große Chinesische Mauer bauen, von der noch heute Teile stehen. Doch trotz aller Bemühungen Zhengs überdauerte die Qin-Dynastie ihren Gründer, der 210 v. Chr. starb, nur um vier Jahre.

Der erste Kaiser befahl die Verbrennung fast aller historischen und literarischen Bücher. 460 Gelehrte, die sich widersetzt hatten, wurden – wie es heißt – bei lebendigem Leibe begraben.

Der Tiger von Qin

Zheng kam mit nur 13 Jahren auf den Thron. Er war ein brillanter Feldherr und Politiker, der keinen Widerstand duldete. Dies brachte ihm den Beinamen »Tiger von Qin« ein. Dennoch fürchtete er, ermordet zu werden. Im Palast gab es über 1000 Schlafzimmer. Er schlief jede Nacht in einem anderen, damit ihn niemand finden konnte. Tatsächlich starb er eines natürlichen Todes.

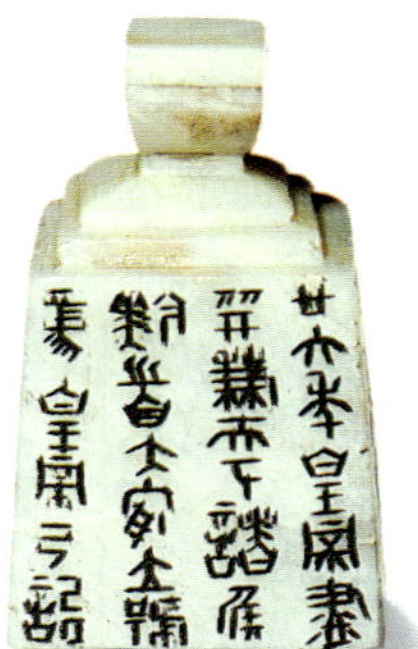

Gewichte und Maße mußten standardisiert werden. Dieses alte Jade-Gewicht stammt aus Qin.

Standards und Normen

Der Erste Kaiser mußte das Land einen und wieder zu Wohlstand führen. Dazu ließ er die chinesischen Schriftzeichen vereinheitlichen. Alle Waren – selbst Ziegel – mußten den Namen des Herstellers tragen. Hatten die Produkte Mängel, konnte der Hersteller bestraft werden. Sogar Achsweiten wurden festgelegt, damit alle Wagen in denselben Spuren fahren konnten.

Jeder Staat hatte seine eigenen Münzen. Unter Zheng waren alle Münzen rund und hatten ein Loch; so konnten sie mit einer Schnur zusammengehalten werden.

Der Kaiserpalast in der Hauptstadt

Die Chinesen bauten Schmelzöfen für die Gewinnung von Gußeisen. Damit stellten sie bessere Waffen und landwirtschaftliche Geräte her.

Die Große Mauer

China wurde im Norden schon lange von nomadisierenden Stämmen bedroht. Daher hatten bereits frühere Herrscher Verteidigungsmauern errichten lassen. 214 v. Chr. befahl der Erste Kaiser, diese zum Schutz gegen die Steppenvölker zu einer über 3460 km langen Mauer zusammenzufügen. Tausende von Bauern, die zum Bau der Mauer verpflichtet wurden, arbeiteten dort unter Lebensgefahr. Starb ein Arbeiter, wurde er an Ort und Stelle begraben.

Maueröffnung für Armbrustschützen

Die Mauer war 9 m hoch und breit genug für Fuhrwerke.

Die Mauer hatte zahlreiche Wachtürme.

Steinplatten verdeckten das Innere aus Erde und Schutt.

Soldaten schützten die Arbeiter vor Angriffen.

Bauern wurden zum Bau der Mauer gezwungen.

Ein Aufseher hält eine Peitsche.

Die Gerüste bestanden aus zusammengebundenen Bambusstäben.

Die Arbeiter hatten für die Erdarbeiten nur einfache Werkzeuge wie Spaten, Pickel, Körbe und Schubkarren.

General Meng Tian war für den Bau der Mauer verantwortlich. Er entsandte Beamte, die Arbeit zu überwachen.

Der Kopf eines Terrakotta-Soldaten mit den kräftigen Farben der ursprünglichen Bemalung. Diesen Kopfputz trugen nur Offiziere.

Die Terrakotta-Armee

Der Kaiser ließ sich ein ganz besonderes Grab bauen. Tausende von Handwerkern schufen eine Armee von über 7500 lebensgroßen Tonfiguren – Soldaten, Bogenschützen, Offiziere, Streitwagen, Pferde und Wagenlenker. Sie sollten den Toten und seine Schätze bewachen. Die Armbrüste waren so angebracht, daß sie automatisch losgingen, wenn ein Grabräuber eindrang. Das Grab selbst besaß Modelle von Palästen und Kanäle mit Quecksilber, das – angetrieben von Rädern – floß wie das Wasser des Jangzi.

In mehreren langen Reihen standen Soldaten und Pferde der Terrakotta-Armee in unterirdischen Gängen Wache für den toten Kaiser. Die Gesichter tragen individuelle Züge.

Leben und Tod

Von alters her versorgten die Chinesen ihre Toten mit Grabbeigaben, die ihnen im Jenseits ein angenehmes Leben sichern sollten. Die Gräber der frühen Herrscher enthielten daher nicht nur Speisen, Getränke sowie persönliche Gegenstände, sondern auch die Körper von Dienern, die geopfert worden waren, damit sie ihren Herren auf ewig dienen konnten.

Diese Gefäße mit der Gestalt eines Widders enthielten Opferspeisen für verstorbene Ahnen.

Prinzessin Tou-Wan wurde in einem Gewand aus mit Golddraht verknüpften Jadeplättchen bestattet. Die Chinesen glaubten, daß Jade den Körper konserviert.

Völker Nordamerikas

Die ersten Menschen kamen vor mindestens 20 000 Jahren aus Asien nach Nordamerika. Die beiden Kontinente waren damals noch durch eine Landbrücke miteinander verbunden, die am Ende der letzten Eiszeit im Meer versank. Gruppen von Jägern folgten den wilden Tieren, von denen sie lebten.
Die Wanderbewegungen der Jäger und Sammler führten zur Besiedlung ganz Nord- und Südamerikas – ein riesiges Gebiet unterschiedlichster Klimazonen und Landschaftsformen. Die Ureinwohner Amerikas – von den europäischen Entdeckern der Neuen Welt irrtümlich Indianer, d. h. »Inder« genannt – lernten in den Gebirgen und Prärien, in den Wäldern, Wüsten und Sümpfen, ja selbst in den Gebieten ewigen Eises zu leben. Einige wurden Ackerbauern, andere bildeten Dörfer und Städte. Viele jedoch begnügten sich als Jäger und Sammler und ernährten sich von der Vielfalt, die das Land ihnen bot.

Im Sommer lebten die Jäger des Nordens in Zelten aus Karibuleder. Die Frauen bearbeiteten die Häute, während die Männer die Geweihe mit Hilfe von Bogenbohrern verzierten.

Die Fischer jagten vor allem in Stromschnellen mit 3 m langen Speeren nach Lachsen.

Wenn die Karibus im Winter nach Süden zogen, lauerten ihnen schon die Jäger auf. Dieser Mann trägt zur Tarnung auf dem Kopf ein Karibufell mit Geweih, um möglichst nah an die Herde zu kommen.

Eicheln waren ein wichtiges Nahrungsmittel. Sie wurden geschält, getrocknet und gemahlen. Das Mehl wurde gewässert, um die Gerbsäure zu entfernen, bevor es zu Kuchen verarbeitet wurde.

Die Pueblo-Stämme legten Kanäle an für die Bewässerung ihrer Mais-, Bohnen- und Kürbisfelder.

Die Jäger des Nordens

Im bitterkalten hohen Norden paßten sich die Inuit (auch Eskimos genannt) an das Leben in den Dauerfrostgebieten an. Sie jagten die Vögel und Fische der Arktis; ihre wichtigste Quelle für Nahrung und Kleidung aber waren Robben und Karibus. Im Winter, wenn die Inuit auf der Suche nach Nahrung wanderten, lebten sie in Häusern aus Eisblöcken. Einige dieser Iglus hatten sogar mehrere Räume. Die Inuit bauten auch Hütten aus Stein, Torf und Holz oder lebten in Zelten.

Die Makah-Indianer vom Dorf Ozette waren Experten im Walfang. Sie harpunierten die Wale von großen Einbäumen aus. Ein einziger Wal versorgte das ganze Dorf mit Fleisch, Öl und Knochen für die Herstellung von Werkzeugen.

Viele Stämme lebten in Zelten aus Büffelleder, Tipis genannt.

Die Prärie-Indianer

Der Lebensraum der Präriestämme (z. B. der Schwarzfuß-, Krähen- oder Dakota-Indianer) erstreckte sich von den Rocky Mountains bis zum Mississippi. In den Prärien gab es viel Wild und riesige Büffelherden. Die meisten Stämme lebten am Rand der Prärie und am Missouri. Im Frühjahr bauten sie Feldfrüchte an, im Sommer sammelten sie Obst, im Herbst ernteten sie. Ein- oder zweimal im Jahr jagten sie Büffel, um Felle für Kleider und Zelte sowie Fleisch als Winter-Vorrat zu haben.

Die Hopewell

Um 200 n. Chr. verdrängten Hopewell-Stämme die Adena im Tal des Ohio. Sie bestatteten ihre Toten in bis zu 12 m hohen Hügelgräbern und schufen Erdzeichen wie den Großen Schlangenhügel. Die Hopewell waren tüchtige Händler, die Güter aus weit entfernten Gegenden heranschafften, und geschickte Handwerker, die hochwertige Töpferwaren herstellten. Die Gründe für den Untergang dieser Kultur um 550 v. Chr. liegen im Dunkeln.

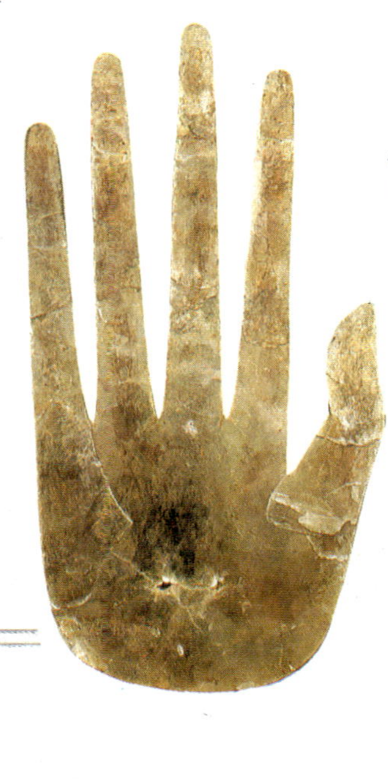

Diese Hopewell-Hand, eine Grabbeigabe, wurde aus Glimmerschiefer geschnitten, einer Gesteinsart, die in den Bergen zu finden ist.

Die Mississippi-Kultur

Die Mississippi-Kultur ist nach dem großen Fluß benannt, in dessen Überschwemmungsgebiet sie sich um 700 n. Chr. entwickelte. Die Mississippi-Völker waren Maisbauern, doch hatten sie auch Städte wie Cahokia, Etowah und Spiro. Eine Besonderheit dieser Städte waren die pyramidenförmigen, flachen Erdhügel, auf denen sich Tempel und Häuptlings-Residenzen aus Holz und Stroh erhoben. In Cahioka, der bedeutendsten dieser Städte, lebten während ihrer Blütezeit ungefähr 10 000 Menschen.

Diese Tonflasche in Gestalt einer stillenden Mutter stammt vermutlich aus der Zeit um 1200 n. Chr. Sie kommt aus der Gegend von Cahokia.

Die Völker im Südwesten

Zwei bedeutende Kulturen, die der Hohokam und der Anasazi, entwickelten sich im heißen, trockenen Südwesten. Die Hohokam, deren Hauptort Snaketown war, hatten Felder für Ballspiele, bauten Erdhügel und webten Baumwollstoffe. Sie standen unter deutlichem Einfluß mexikanischer Kulturen. Um 750 n. Chr. begannen die Anasazi, Häuser aus luftgetrockneten Ziegeln zu bauen. Viele Dörfer, Pueblos genannt, hatten unterirdische, kreisförmige Kammern, sogenannte Kivas, für zeremonielle Versammlungen.

Einige Pueblo-Dörfer wie dieses bei Mesa Verde wurden unter Felsüberhänge gebaut.

Geister und Medizinmänner

Die Ureinwohner Amerikas glaubten, daß in allen Dingen der Natur mächtige Geister wohnten. So waren für die Ackerbauern jene Geister wichtig, die ihre Ernten reifen ließen, für die Jäger jene, welche die Wildtiere leiteten. Um beim Umgang mit den Geistern zu helfen, gab es Schamanen – Männer oder Frauen, die mit den Geistern Verbindung aufnahmen, Krankheiten heilten und die Zukunft voraussagten. Die Schamanen oder Medizinmänner trugen einen prächtigen Kopfputz mit Hörnern, Federn oder Pelz. Ihre Körper waren mit magischen Symbolen bemalt. Oft trugen sie Otterpelz-Taschen mit Amuletten, Heilkräutern und Körper-Farben.

Diesen Kopfschmuck trug die Schamanin beim Sonnentanz der Schwarzfuß-Indianer.

Die ersten Australier

Die ersten Australier waren Nomaden. Sie kamen vor ungefähr 40 000 Jahren aus Südostasien über eine inzwischen versunkene Landbrücke. Ursprünglich siedelten sie entlang der fruchtbaren Küsten und Flußtäler, später jedoch drangen sie auch ins Innere des Kontinents vor, wobei sie sich den Lebensbedingungen in den Regenwäldern, im Gebirge und in der Wüste anpaßten. In den Wüstengebieten lebten die Menschen nur in kleinen Lokalgruppen oder Horden, die auf der Suche nach Nahrung oft ihr Lager wechselten. In fruchtbareren Gegenden errichteten sie Hütten, die mehrere Monate benutzt werden konnten. Diese Ureinwohner Australiens nennt man heute »Aborigines«, was soviel bedeutet wie »die, die ursprünglich hier wohnten«. Da sie weder Wagen mit Rädern noch Reittiere hatten, konnten sich die Aborigines nur zu Fuß fortbewegen, wobei jede Horde auf vertrauten Wegen ihr angestammtes Territorium durchstreifte. Viele dieser Routen hielten sie für Pfade der Ahnen, der »Großen Traumwesen«.

Die Aborigines führen als Teil von Zeremonien, mit denen sie die Zeit ihrer Vorfahren vergegenwärtigen, spezielle Kulttänze auf.

Die »Großen Traumwesen«

Die Aborigines glauben, daß in der Traumzeit, *tjukurpa* genannt, heroische Vorfahren die Welt durchstreiften und mit schöpferischer Lebenskraft erfüllten. Einige traten als Tiere oder Menschen auf, andere als Pflanzen, Sonne, Wind oder Regen. Die Urzeitwesen bewegten sich auf bestimmten Pfaden, die das Land mit den Menschen verbanden. Indem die Aborigines die heiligen Stätten hegen und die Taten der Vorfahren vergegenwärtigen, bewahren und sichern sie die Harmonie auf der Welt.

Viele Felsmalereien der Aborigines stellen die »Großen Traumwesen« der Vorzeit und deren heroische Leistungen dar.

Die gute Erde

Die Aborigines lebten von dem Land, aber sie bebauten es nicht. Die meiste Zeit ihres Lebens verbrachten sie mit der Suche nach Nahrung. Frauen sammelten eßbare Wurzeln, Grassamen, Larven und Kleintiere. Männer jagten Großwild wie Känguruhs oder Opossums und fingen Fische und Enten. Die Menschen wußten, auf welchen Bäumen Honig und Vogeleier zu finden waren. Die Bäume lieferten ihnen Beeren und Nüsse sowie Holz für Boote, Speere, Schilde, Teller und Schüsseln.

Polynesien und Neuseeland

Den Polynesiern gelang es, die meisten Inseln im unermeßlich weiten Pazifischen Ozean zu besiedeln, da sie meisterhafte Seefahrer waren und es verstanden, sich an der Sonne und den Sternen zu orientieren. Um den offenen Ozean überqueren zu können, beobachteten sie die Winde und die Wellenmuster, deuteten die Wolkenbilder und achteten auf das Verhalten bestimmter landabhängiger Vögel. Man nimmt an, daß sie ursprünglich vor etwa 4000 Jahren aus dem südostasiatischen Raum kamen. Zuerst besiedelten sie Tonga und Samoa, danach die Marquesas-Inseln und Tahiti. Von dort aus segelten einige weiter nach Norden, wo sie um 100 n. Chr. Hawaii erreichten. Andere segelten in östlicher Richtung nach Pitcairn und bis zu den Osterinseln, wo sie um 400 n. Chr. landeten. Die Lebensweisen auf den einzelnen Inselgruppen unterschieden sich zwar leicht, die meisten frühen Polynesier lebten aber in kleinen, in Stämme unterteilten Gemeinschaften, die von mächtigen Häuptlingen beherrscht wurden. Die letzte große Fahrt, die eine Gruppe Polynesier unternahm, führte sie um 950 n. Chr. zu einem Land, das sie Aotearoa nannten – das heutige Neuseeland.

Segel aus Palmenmatten

Kokospalmen lieferten die Fasern für die Seile.

Geschützter Stauraum für Lebensmittel

Den Schiffskörper bildeten ausgehöhlte Baumstämme.

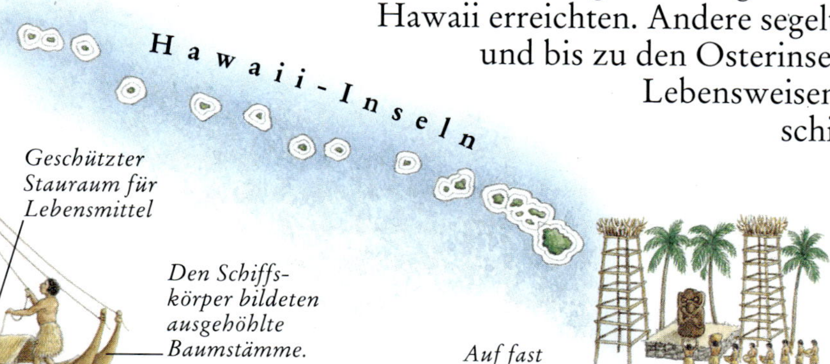

Auf fast allen Hawaii-Inseln errichteten die Bewohner Steintempel, die sie »heiau« nannten. Figuren aus Flechtwerk stellten die Götter dar.

Seefahrt

Die frühen Polynesier nutzten ihre Boote zum Fischfang und zum Handel sowie für lange Entdekkungsreisen. Der verbreiteteste Bootstyp war das Kanu. Kanus baute man in verschiedenen Formen und Größen. Manche konnten nur eine Person tragen, andere waren bis zu 30 m lang und konnten mit 500 Menschen an Bord Distanzen von über 2500 km zurücklegen. Paddel benutzte man nur für kurze Strecken, für große Entfernungen brauchte man Segel.

Musiker begleiteten die Tänzer mit Trommeln oder mit Bambusflöten und Muschelhörnern.

Die frühen Siedler stachen von Tonga und Samoa aus in See. Ihre Kanus trugen außer Männern, Frauen, Kindern und Tieren auch Lebensmittelvorräte und Saatgut.

Aus den Wedeln der Kokospalme flochten Frauen Körbe. Die Stämme lieferten Nutzholz, mit den Blättern wurden Dächer gedeckt. Die Kokosnuß bot Speise und Trank.

Sie aßen vor allem Obst, Meeresfrüchte und Yamswurzeln. Blätter dienten als Teller. Fische fing man mit Speeren, Netzen oder mit der Hand.

Manchmal wurden Schweine geopfert und den Göttern auf einer erhöhten Plattform dargebracht.

Spätere Polynesier bauten Süßkartoffeln, Yamswurzeln, Taro, Bananen sowie Brotfrüchte an und hielten Hunde, Schweine und Hühner.

Diese geschnitzte Figur von Hawaii stellt die Vulkangöttin Pele dar. Die Hawaii-Inseln sind vulkanischen Ursprungs. Die hier lebenden Polynesier glaubten, daß Pele Stein schmelzen und Berge schaffen kann.

Zwischen Nachbarinseln wurden kleine Kanus eingesetzt.

Maori-Krieger beim Zweikampf. Jeder Kämpfer war mit einer scharfkantigen Keule aus Walknochen oder Grünstein, einer Art Jade, bewaffnet.

Die Gesichter der Maori-Häuptlinge waren oft tätowiert. Sie trugen Umhänge aus Flachs und Kiwifedern.

Die größten Inseln

Als die Maori Neuseeland erreichten, fanden sie ein viel kälteres und feuchteres Land vor, als sie es kannten. Die einzige ihnen bekannte Feldfrucht, die hier gedieh, war eine Süßkartoffelart. Sie jagten einen flugunfähigen Riesenvogel, den Moa, betrieben Ackerbau, fischten und waren Sammler. Die einzelnen Stämme wurden von einem Häuptling, dem *rangatiri*, beherrscht. Sie verehrten die Geister ihrer Ahnen und glaubten an die Heiligkeit bestimmter Personen und Plätze.

Die Maori waren hervorragende Holzschnitzer. Diese Figur zeigt Pukaki, einen ihrer Hauptvorfahren, mit seinen beiden Söhnen.

Ab etwa 1100 n. Chr. stellten die Bewohner der Osterinseln bis zu 10 m hohe Steinfiguren auf.

0 500 1000 1500 km

China – Das goldene Zeitalter

Auf den Tod des Ersten Kaisers folgten in China Jahrhunderte der Uneinigkeit und Kriege. Doch 618 n. Chr. begann mit der Thronbesteigung des Generals Li Yuan, bekannt als Kaiser Gaozu, dem Begründer der Tang-Dynastie, eine neue Ära. Die Hauptstadt des Reiches hieß nun Chang'an, das zum Handelszentrum der Seidenstraße wurde. Auf den Märkten und in den Basaren herrschte emsige Geschäftigkeit, und die Anhänger vieler verschiedener Religionen lebten friedlich nebeneinander. Erstmals konnten auch einfache Bürger – nicht nur die Reichen – Beamte werden. Auch die Produktion von Salz, Papier und Eisen schuf Arbeitsplätze. Handwerk und Künste gelangten zu höchster Blüte.

Diese Zuckerhut-Landschaft in Südchina war stets ein beliebtes Motiv in der Malerei.

Diese Figur einer eleganten Hofdame zeigt, wie wohlhabende Frauen damals gekleidet waren.

Wohlstand

Die Reichen hatten ein sehr angenehmes Leben. Sie trugen schöne Seidengewänder und gaben glanzvolle Feste. Bedienstete bereiteten Gerichte zu mit geröstetem Schweine- und Hirschfleisch, zu denen der Hirse- und Reisschnaps in Strömen floß. In den Mußestunden lauschten sie der Musik und der Poesie oder verbrachten ihre Zeit beim Brett- und Kartenspiel. Sie füllten ihre Häuser mit Luxusgütern aus Gold, Silber, Jade und Porzellan. Auch Lackarbeiten und Seidenmalereien waren sehr beliebt.

Bedeutende Erfindungen

Die Chinesen waren große Erfinder. Bereits lange vor der Tang-Zeit konnten sie Papier herstellen, später erfanden sie den Holztafeldruck. Auch entwickelten sie Seismographen (ein Gerät zur Aufzeichnung von Erdbeben). Während der Tang-Dynastie erfanden sie eine mechanische Wasseruhr, den magnetischen Kompaß, Spielkarten aus Papier und das Porzellan.

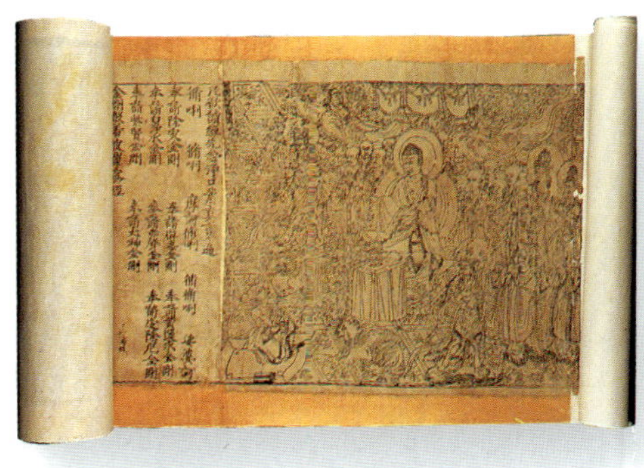

Ein Detail aus dem ältesten erhaltenen Buch der Welt, dem Diamant-Sutra. Es wurde 868 n.Chr gedruckt.

Die Hauptstadt Chang'an

In der Tang-Zeit entwickelte sich Chang'an (»Ewiger Friede«) zur größten Stadt der Welt. Die Stadt hatte über eine Million Einwohner. Hinzu kamen zahlreiche ausländische Händler, Gelehrte und Reisende.

Der Kaiserpalast stand im Nordteil der Stadt und war von einer hohen Mauer umgeben.

Viele Soldaten waren Bauern, die zum Kriegsdienst gezwungen wurden.

Musikanten und Tänzer gaben Vorstellungen auf den Plätzen der Stadt.

Die Häuser waren aus Holz, das zum Schutz gegen die Feuchtigkeit lackiert wurde. Die Dächer waren mit Ziegeln gedeckt.

Wer Beamter werden wollte, wurde geprüft. Kaiserin Wu machte das Verfassen von Gedichten zum Prüfungsfach.

Viele Bauern verkauften ihre Produkte in der Stadt.

Die Menschen trugen Gewänder aus gefärbter Seide. Gelbe Stoffe waren dem Kaiser vorbehalten.

Adelige wurden auf Sänften getragen.

Die Chinesen erfanden das Schießpulver. Sie entwickelten die ersten Feuerwerkskörper.

Li Bo, der berühmteste Dichter seiner Zeit, kam in die Stadt, um für den Kaiser zu schreiben.

Kaiserin Wu übernahm die Macht nach dem Tode ihres Gatten im Jahr 683 n. Chr. und regierte China, bis sie 83 Jahre alt war. Sie konnte zwar skrupellos und grausam sein, doch förderte sie die Künste und das Handwerk und war eine große Liebhaberin der Poesie.

Wege des Dunkels und der Weisheit

Die Chinesen glaubten nie an nur einen Gott. Sie verehrten die Natur in Gestalt von Berg-, Fluß-, Wind- und Baumgeistern. Es gab zwei Hauptschulen des Denkens, die Verhaltensweisen vermittelten: die Lehren des Laozi (Daoismus) und des Konfuzius (Konfuzianismus). Ziel des Daoismus war ein Leben im Einklang mit der Natur. Die Konfuzianer glaubten an das Gute im Menschen, an die Bedeutung von Familie und sozialer Stabilität. Als im 1. Jh. n. Chr. der Buddhismus nach China kam, fand er großen Anklang. Er lehrte, daß jedes Wesen mehr als nur ein Leben hat.

Diese daoistischen Weisen betrachten das Symbol von Yin und Yang. Die Chinesen halten diese für die zwei wichtigsten Kräfte in der Welt. Der vollkommene Ausgleich zwischen ihnen gilt als Voraussetzung für die Harmonie der Welt.

Die Seidenstraße

Die Tang-Kaiser förderten den Handel mit entfernten Ländern. Kaufleute transportierten auf Kamelen und Pferden Seide, Porzellan, Papier, Tee und Salz auf der über 7000 km langen Seidenstraße, die China über Zentralasien, Persien und Syrien mit dem Mittelmeerraum verband. In umgekehrter Richtung kamen Pferde, Felle, Glas, Gold und Gewürze nach China.

Die Chinesen glauben, daß der Körper auf bestimmten Bahnen (rechts) von Energie (qi) durchströmt wird. Nadeln, an bestimmten Stellen in den Körper gestochen, können den Energiestrom beeinflussen und so dem Patienten helfen. Diese medizinische Technik nennt man Akupunktur.

Japan – Der Aufstieg der Samurai

Der erste japanische Kaiser war der Sage nach Jimmu-Tenno, der als Nachkomme der Sonnengöttin galt. Anfangs waren die japanischen Kaiser die obersten Herrscher. Sie besaßen das Land und sorgten mit einer Armee bäuerlicher Soldaten für Ordnung. Doch in der Heian-Zeit (794-1185 n. Chr.) mußten die Kaiser so viel Land an Adelsfamilien, sogenannte Clans, abgeben, daß diese allmählich reich genug wurden, um eigene Heere aufzustellen. 858 n. Chr. übernahm der mächtige Clan der Fujiwara die Regierung, erwies dem Kaiser aber weiterhin Respekt. Eine Weile regierten die Fujiwara erfolgreich, doch machten ihnen andere Clans ihre Stellung streitig. Ab 1185 waren die Minamoto die mächtigste Familie in Japan. Ihr Oberhaupt Yoritomo wurde 1192 vom Kaiser zum ersten Shogun, zum obersten Militär-Regenten ernannt. Unter der Herrschaft der Shogune gewann die Kriegerklasse, die Samurai, immer mehr Macht, so daß Japan jahrhundertelang im wesentlichen von Kriegern beherrscht wurde.

Die Erstarkung Japans

Seit dem 6. Jh. n. Chr. begann Japan systematisch kulturelle Leistungen Chinas zu übernehmen, vor allem in der Kunst und Architektur. Bronzestatuen Buddhas kamen auf, obgleich die einheimischen Traditionen des Shinto weiterlebten. Gebäude im chinesischen Stil wurden errichtet; aus den chinesischen Schriftzeichen wurden japanische Silbenschriften entwickelt. Allmählich wurden all diese Dinge jedoch dem japanischen Geschmack angepaßt, so daß sich eine eigenständige japanische Kultur entwickelte.

Diese Holz-Statue aus der Heian-Zeit stellt den Gott Fudomyoo dar, eine Erscheinungsform des Hindu-Gottes Shiva.

Der Weg des Kriegers

Der soziale Aufstieg des Kriegers erfolgte vor allem in den Wirren des 10. und 11. Jahrhunderts. Sie schützten das Land des *daimyo* (Lokalherrschers) und besaßen den strengen Ehrenkodex des *bushido*, was wörtlich übersetzt »Weg des Kriegers« bedeutet. Vor Beginn einer Schlacht rief jeder Samurai stolz seinen Namen und die seiner Ahnen, um den Gegner herauszufordern. Sie waren tapfere Kämpfer, die lieber starben als zu unterliegen. Alle Samurai mußten gut reiten und vom galoppierenden Pferd aus mit Pfeil und Bogen umgehen können.

Der Hof in Kyoto

794 n. Chr. wurde die japanische Hauptstadt von Nara nach Heian-Kyo, dem heutigen Kyoto, verlegt. Die neue Hauptstadt war sehr schön. Die Höflinge, »Bewohner der Wolken« genannt, wurden immer realitätsfremder. Abgeschnitten von den Problemen der Außenwelt verbrachten sie ihre Tage damit, sich herauszuputzen, in Gärten zu wandeln und Hof- und Tempelzeremonien beizuwohnen.

Ein berittener Samurai

Das Königreich der Khmer

Die Tempelstädte von Angkor beherrschten die Ebene, in der die Kultur des Volkes der Khmer über 600 Jahre lang blühte. Das Königreich der Khmer, im heutigen Kambodscha gelegen, gewann zum ersten Mal unter König Jayavarman II. an Macht, der von 802 bis 850 n. Chr. regierte. Die Khmer trieben regen Handel mit Indien. So kam es, daß sie vieles von der indischen Kultur übernahmen, allem voran die Hindu-Religion und die an Verzierungen reiche indische Architektur.
Einmal an der Macht, erklärte sich Jayavarman selbst zum Gottkönig, der seine Macht von dem Hindu-Gott Shiva erhalten habe. Von nun an war den Königen der Khmer die Treue ihrer Untertanen sicher. Sie bauten riesige Tenpelanlagen für ihre Götter und prächtige Paläste für sich selbst. Viele Khmer widmeten ihr Leben ganz dem Dienst für ihre Gottkönige. Ingenieure entwickelten ein ausgeklügeltes Bewässerungssystem, damit die Bauern genug ernten konnten, um all die Priester, Höflinge und Handwerker zu versorgen, die innerhalb und außerhalb der gewaltigen Tempelpaläste lebten.

Dieser riesige Kopf aus Stein stellt eines der vier Gesichter Jayavarmans VII. (1181-1218 n. Chr.) dar. Jayavarman vertrieb die eingefallenen Chams und baute die Stadt Angkor wieder auf. Anders als andere Khmer-Könige war er Buddhist und nicht Hindu.

Lebensquell Wasser

Wasser spielte bei den Khmer eine lebenswichtige Rolle. Alljährlich ließen die Monsunregen von Mai bis Oktober den Mekong über die Ufer treten. Wenn die Überschwemmungen zurückgingen, war das Land mit fruchtbarem Schlamm bedeckt, auf dem man nun Reis anbaute. Das Regenwasser wurde für die Bewässerung der Felder während des restlichen Jahres gespeichert. Außerdem brauchten die Menschen das Wasser, um sich bei dem heißen Klima mehrmals am Tag zu baden.

Die Naga, eine mythische Schlange, geht auf die Kobra der Hindu-Mythologie zurück, die den guten, lebenspendenden Geist des Wassers verkörpert.

Angkor Wat

Angkor Wat (»Stadttempel«) war eine Kombination aus Tempeln und Palästen, in denen die Gottkönige lebten und wo sie bestattet wurden. Die Anlage wurde 1113 n. Chr. von Suryavarman II. errichtet. Die Gebäude aus Stein und Ziegel sind mit Reliefs geschmückt, die Szenen aus der hinduistischen Mythologie, aus den Kriegen der Khmer sowie große königliche Prozessionen darstellen. Angkor Wat ist von Wassergräben umgeben.

Angkor Wat wurde 1861 von dem französischen Naturforscher Henri Mouhot freigelegt. Schon frühere Besucher hatten von einer »verlorenen Stadt« im Dschungel berichtet.

Maya – Städte aus Stein

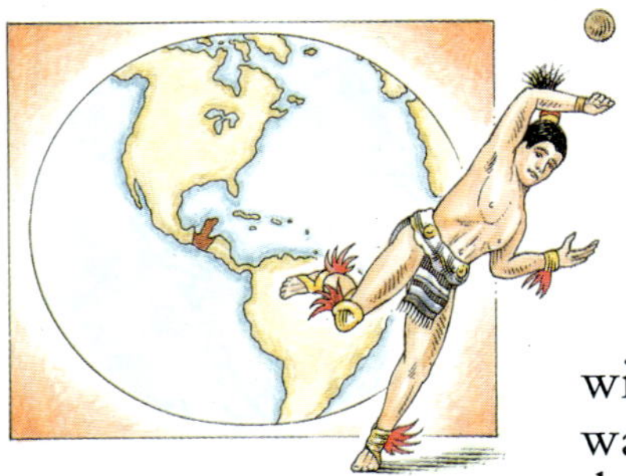

In den tropischen Wäldern Mittelamerikas liegen die Ruinen einzigartiger Städte aus Stein. Königliche Städte wie Tikal, Palenque oder Copán waren Zentren der Maya-Kultur, deren Blütezeit zwischen 250 und 900 n. Chr. lag. Der Siedlungsraum der Mayas war in mehrere Königreiche aufgeteilt, von denen jedes von einem gottähnlichen König regiert wurde. Jedes Reich hatte eine Hauptstadt, welche die Städte, Dörfer und das Ackerland der Umgebung kontrollierte. Die Bauern bauten Mais, Bohnen sowie Kürbisse an, während die Jäger Hasen, Leguane und Hirsche erlegten.

Um ihre Untertanen und die anderen Herrscher zu beeindrucken, ließen die Könige in ihren Städten spektakuläre, mit kunstvollen Reliefs und Gemälden geschmückte Bauten errichten. Die Mayas waren auch begabte Astronomen und Mathematiker. Sie entwickelten einen ausgeklügelten Kalender, eine Rechenmethode und eine Schrift aus Bildzeichen, Hieroglyphen oder Glyphen genannt, die uns von den Maya-Königen und ihren Eroberungen berichten.

Aus Stein gehauen

Die Maya-Städte waren weitläufige Anlagen mit mehrstöckigen Gebäuden, tempelgekrönten Pyramiden und Ballspielplätzen, alle um einen zentralen Platz angeordnet. Der Bau der Städte war eine grandiose Leistung, da die Mayas damals noch kein Metall hatten, um Werkzeuge herzustellen. Die Baumeister benutzten Obsidian, ein glasiges Ergußgestein der örtlichen Vulkane, für die Bearbeitung der Kalksteinblöcke. Für die Bemalung nahmen die Künstler einen einheimischen roten Farbstoff.

Diese Ruinen sind Teil des Palastes der alten Maya-Stadt Palenque.

Chichén Itzá war eine der späteren Maya-Städte. Sie wurde zwischen 900 und 1200 n. Chr. erbaut. Das Gebäude im Vordergrund war vermutlich ein Observatorium.

Wenn die Bauern mehr Land für den Ackerbau brauchten, brannten sie kleine Waldflächen nieder. Die Asche wirkte als Dünger.

Die Bewohner der Küstenregion sammelten gegen Ende der Trockenzeit Meersalz und trieben damit im ganzen Maya-Reich Handel.

Die Frauen webten ihre Stoffe an leicht zu transportierenden Rückenband-Webstühlen.

Die Olmeken (1200-400 v. Chr.) schufen Kolossalköpfe aus Basalt. Dieser wurde in der alten Olmeken-Hauptstadt La Venta gefunden.

Eine Frau zieht einen dornenbesetzten Faden durch ihre Zunge. Blut galt als kostbares Opfer für die Götter.

Der Jaguar war das gefürchtetste Tier. Er war die zentrale Gottheit der olmekischen La-Venta-Kultur.

An den Ballspielen nahmen nur Männer teil.

Bestimmte Muschelarten wie die Schneckenmuschel wurden im ganzen Land teuer gehandelt.

Archäologen fanden im Inneren der Stufenpyramide von Copán die Grabstätte eines Maya-Herrschers.

Dieser Stein aus Yaxchilán trägt Maya-Glyphen. Sie enthalten die Daten verschiedener Herrscher.

Zeitrechnung

Die Mayas waren große Astronomen und entwickelten sehr genaue Kalender. Ihr Sonnenjahr hatte 365 Tage, die auf 18 »Monate« mit je 20 Tagen verteilt waren – zuzüglich einer fünftägigen Periode am Ende jedes Jahres. Doch es gab noch einen zweiten, heiligen Kalender mit 260 Tagen, den nur Priester lesen konnten. Die Menschen holten sich vor wichtigen Ereignissen bei ihnen Rat.

Ballspiele

Die Olmeken, die Vorläufer der Mayas, waren vermutlich die Erfinder der Ballspiele. Jede Stadt hatte im Kultzentrum einen Ballspielplatz. Die Spieler trugen Schutzkleidung und versuchten, den harten Gummiball mit Armen, Ellbogen, Hüften oder Gesäß in einen der beiden Steinringe zu schlagen, die in die Seitenwände des Spielfeldes eingelassenen waren. Das Ballspiel war ein religiöses Ereignis, bei dem der Ball die Sonne symbolisierte. Oft wurde die unterlegene Mannschaft der Sonne geopfert.

Azteken – Krieger der Sonne

Die Azteken waren ein Stamm harter Krieger, die sich im 13. Jh. n. Chr. im Tal der heutigen Hauptstadt Mexikos ansiedelten. Sie führten ständig Kriege gegen die Nachbarstämme, bis sie den größten Teil Mittelamerikas beherrschten. Wie Mayas und Tolteken vor ihnen bauten auch sie eindrucksvolle Städte. Ihre Hauptstadt war Tenochtitlán, erbaut auf einer Insel im Texcoco-See – dort, wo heute Mexiko-Stadt liegt. Die Inselstadt war das politische, militärische und religiöse Zentrum von rund 200 000 Azteken oder Méxica, wie sie sich selbst nannten. Innerhalb der Stadtmauer standen Paläste, Pyramiden und Tempel, wo Priester grausige Menschenopfer darbrachten. Die Azteken glaubten, daß diese notwendig seien zur Erneuerung der Kräfte der Sonne und somit zur Erhaltung des Kosmos.

Der Griff dieses Opfermessers hat Einlegearbeiten aus Muscheln und Türkis.

Aztekenkrieger

Die Azteken hatten einen König, der auch oberster Kriegsherr war. Um die Macht ihres Reiches zu erhalten, wurden alle männlichen Azteken zu Kriegern ausgebildet. Wenn ein Junge 10 Jahre alt war, wurde er bis auf den Haarschopf am Hinterkopf kahlgeschoren. Wenn er seinen ersten Gefangenen gemacht hatte, wurde auch dieser abgeschnitten. Die besten Krieger wurden Jaguar-Krieger und trugen Jaguarfelle in der Schlacht, oder sie wurden Adler-Krieger und trugen einen Adlerhelm.

Handel und Schätze

Die Azteken wurden reich, da sie von den unterworfenen Stämmen Abgaben verlangten. Stoffe, Mais und Luxusgüter wurden nach Tenochtitlán gebracht. Doch die Azteken trieben auch Handel. Kaufleute, *pochteca* genannt, reisten durch das ganze Reich, um Gold, Silber und Zinn sowie wertvolle Steine wie Türkis, Jade, Amethyst und Bernstein zu erwerben. Auch leuchtend bunte Federn exotischer Vögel für Umhänge und Kopfputz wurden gekauft. Schreiber führten Buch über die Schätze, die aus den eroberten Städten fortgebracht wurden.

Schreiber malten Symbole auf Rindenstücke, die zu einer Art Buch, *codex* genannt, zusammengefügt wurden. Dieses Blatt zeigt Tributabgaben.

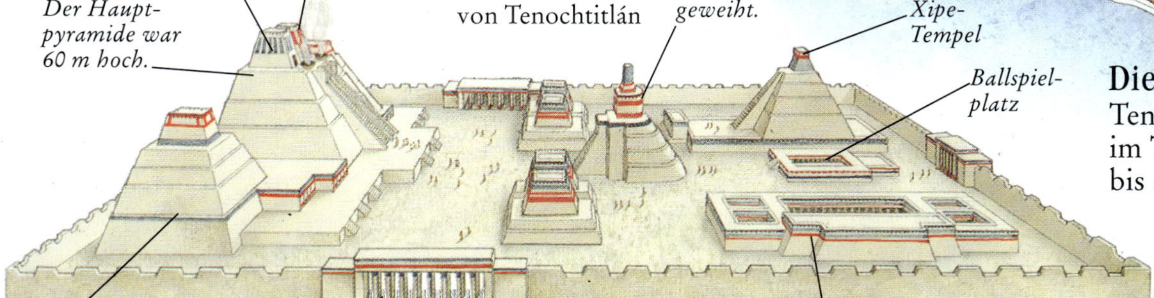

Das Kultzentrum von Tenochtitlán

Die schwimmende Stadt

Tenochtitlán wurde auf einer kleinen sumpfigen Insel im Texcoco-See erbaut, war jedoch durch drei breite, bis acht Kilometer lange Dämme mit dem Festland verbunden. Das Kultzentrum im Herzen der Stadt wurde von der Hauptpyramide mit ihren beiden dem Regengott Tlaloc und dem Sonnen- und Kriegsgott Huitzilopochtli geweihten Tempeln beherrscht. Die spanischen Conquistadores (Eroberer), die 1519 in Mexiko einfielen, zerstörten das Reich der Azteken innerhalb von zwei Jahren.

Inkas – Die Herren der Anden

Machu Picchu war eine bedeutende Stadtfestung hoch in den Anden. Erst der Amerikaner Hiram Bingham entdeckte sie 1911 für die Archäologie.

Das Reich der Inkas, beherrscht von der schneebedeckten Gebirgskette der Anden, war ein Land voller Gegensätze. In diesem Gebiet Südamerikas sind mehrere Kulturen zur Blüte gelangt – so die von Chavin, Recuay, Nazca oder Chimu –, doch die bedeutendste von allen war die der Inkas. Um 1200 n. Chr. hatten sich die Inkas aus einem kleinen Andenstamm zu einer wohlgeordneten, unter einem Herrscher, dem Inka, geeinten Gemeinschaft entwickelt. Der Inka wurde als eine lebende Gottheit verehrt: als Sohn des Sonnengottes. 1438 n. Chr. begann der damals herrschende Inka Pachacutic Yupanqui planmäßig die angrenzenden Länder zu erobern. Ein paar Jahre später erstreckte sich das mächtige Reich der Inkas über 3500 km entlang der Pazifikküste Südamerikas und umfaßte große Teile des heutigen Ecuador, Peru, Bolivien und Chile.

Frauen brauten ein besonderes Getränk, »chicha« genannt, indem sie Getreide zu Brei kauten, den sie in warmes Wasser spukten. Das Wasser wurde durch ein Sieb in Krüge gefüllt.

Ein Priester opfert den Göttern ein schwarzes Lama.

Der Spanier Francisco Pizarro landete 1532 mit 200 Mann. Innerhalb weniger Jahre zerstörten sie das mächtige Inka-Reich.

Aus Alpaka-Wolle wurde warme Kleidung hergestellt.

Die Chimu wollten das Inka-Reich erobern, doch der Inka-Prinz Yupanqui zerstörte ihre Festung und rettete sein Volk.

Junge Frauen wurden auserwählt, um in Klöstern zu leben, die dem Sonnengott geweiht waren, und Stoffe für die Gewänder des Kaisers zu weben.

Im Totenmonat November wurden die mumifizierten Körper verstorbener Kaiser bei Prozessionen umhergetragen.

Die Inkas

Die Inka-Herrscher galten als Abkömmlinge des Sonnengottes Inti, der ihnen absolute Macht über ihre Untertanen verlieh. Viracocha, der achte Inka, nahm den Titel Sapa-Inka (Höchster Inka) oder Kaiser an. Er kleidete sich in eigens für ihn angefertigte Gewänder und trug goldene Scheiben in den Ohren. Um das »Blut der Sonne« rein zu halten, heiratete er seine Schwester, Coya genannt, was Kaiserin bedeutet. Obwohl Viracocha viele Frauen hatte, konnte nur ein Sohn der Coya sein Nachfolger werden.

Dieses mit Türkisen besetzte Messer aus Gold zeigt einen reichgekleideten Mann. Es stammt aus dem Reich der Chimu, deren Hauptstadt Chan Chan war.

Die Festung von Cuzco (unten) war aus exakt verfugten Steinblöcken gebaut. Bei Erdbeben bewegten sie sich zwar etwas, fielen aber dann in die richtige Position zurück.

Cuzco, die Hauptstadt

Cuzco entwickelte sich aus einem kleinen Dorf zu einer stolzen Hauptstadt. Die Anlage der Stadt soll die Umrisse eines Pumas gehabt haben, mit dem Festungstempel Sacsahuaman als Kopf. Im Zentrum der Stadt befand sich der Haucaypata oder Heilige Ort, ein offener Platz für alle wichtigen Zeremonien. Es gab auch kaiserliche Paläste und Tempel für die Hauptgötter. Die Anlage des Sonnentempels umfaßte einen Garten mit lebensgroßen Lamas, Vögeln und Maiskolben aus purem Gold und Silber.

Teile von Hängebrücken, welche die Inkas über tiefe Schluchten spannten, existieren heute noch.

Die Straßenbauer

Das Reich der Inkas war mit einem Netz gepflasterter Fußwege überzogen. Die Inkas bauten steinerne Brücken über Flüsse und Hängebrücken aus Ranken über tiefe Schluchten. An den Straßen gab es Rasthäuser, *tambos* genannt. Dort waren zwei Läufer stationiert, so daß in kürzester Zeit aus dem ganzen Reich Nachrichten in die Hauptstadt Cuzco übermittelt werden konnten. Ein Team von Läufern konnte pro Tag bis zu 240 km zurücklegen.

Dieses Foto zeigt eine moderne Inszenierung des Sonnenfestes, bei dem die Inkas beteten, daß die Sonne auch im kommenden Sommer wieder scheinen möge.

Die Gesellschaftsordnung

Die Gesellschaft der Inkas war sehr gut organisiert. Jeder hatte darin seinen festen Platz und wußte, daß von der Wiege bis zum Grab für ihn gesorgt war. Waisenkinder wurden gepflegt; Kranke, Alte und Behinderte erhielten Nahrung und Kleidung aus den kaiserlichen Vorratshäusern. Umgekehrt wurde von allen harte Arbeit erwartet. Jedem wurde entsprechend seinem Rang, Alter und seinen Fähigkeiten eine passende Arbeit zugeteilt. Die Inka-Herrscher waren überzeugt, daß Untätigkeit Unheil bringe, und so wurde jeder ständig beschäftigt.

Knotenschnüre

Die Inkas hatten zwar keine Schrift, aber eine Methode zur Registrierung verschiedener Dinge mit Hilfe geknoteter Schnüre, *quipus* genannt. Verschiedenfarbige Schnüre mit einfachen, doppelten oder dreifachen Knoten waren an einer Hauptschnur aufgereiht. Anzahl und Position gaben Art und Menge der registrierten Dinge wie Nahrungsmittel oder Lamas an. Nur bestimmte Beamten, die *quipucamayoc*, konnten die *quipus* lesen.

Die Inkas entwickelten ein Registrierungssystem, indem sie in farbige Schnüre Knoten machten.

In den Küstengewässern wimmelte es von Fischen. Kuriere brachten frischgefangene Fische zum Kaiser nach Cuzco.

Die Instrumente der Inka-Musiker waren Flöten, Pfeifen, Panflöten, Trommeln, Tamburine, Glocken und Trompeten.

Die Fischer auf den Seen hatten Boote aus Schilfbündel, sogenannte »balsas«.

Steinmetze bearbeiteten die für den Bau der Städte benötigten Steine mit Hämmern. Poliert wurden sie mit nassem Sand.

Die Frauen wirkten oft als Heilerinnen, wobei bestimmte Pflanzen, Kräuter und Wurzeln als Medizin dienten.

In den Anden legten die Bauern Terrassenfelder an. Sie wurden mit Hilfe eines ausgeklügelten Systems von Kanälen bewässert.

Lamas waren die einzigen Lasttiere der Inkas.

Die Läufer bliesen Muschelhörner, um ihre Ankunft bei einem »tambo« anzukündigen. So konnte sich der nächste Läufer rechtzeitig zum Aufbruch fertigmachen.

Vater Sonne und Mutter Mond

Der Hauptgott der Inkas war die Sonne, der wichtigste Tempel der Sonnentempel - Coricancha - in Cuzco. Es gab auch noch andere Gottheiten wie Mutter Mond, Mutter Erde und den Donnergott. Die Inkas wußten, daß sie den Göttern dienen und sie ehren mußten, da sie sonst mit Krankheit oder schlechter Ernte bestraft würden. Für jeden Anlaß, bei dem zu den Göttern gebetet und ihnen gehuldigt wurde, gab es bestimmte Rituale.

Das Jahr des Bauern

Juni-Juli
Die Kartoffeln wurden geerntet und gelagert. Danach wurden die Bewässerungskanäle instand gesetzt.

August-September
Die Männer lockerten den Boden, während die Frauen säten. Die Menschen beteten zur Sonne um eine gute Ernte.

April-Mai
Die Maiskolben wurden als Vorrat für den Winter in Körben gesammelt. Männer, Frauen und Kinder halfen bei der Ernte.

Die Inkas bauten fast alles selbst an, was sie zum Leben brauchten. Mais, die wichtigste Feldfrucht, pflanzte man in den Tälern an. Im Hochland, wo die Erdschicht dünner war, gab es Kartoffeln. Die Inkas kultivierten auch Kürbisse, Bohnen, Tomaten, Avocados, Chili sowie Erdnüsse und Kakao. Bananen kamen aus den tropischen Gebieten östlich der Anden. Zudem fingen sie Fische, Vögel und andere Wildtiere.

Oktober-November
Die ersten Maisschößlinge erschienen. Die Frauen reinigten die Bewässerungskanäle.

Februar-März
Mit Trommelschlägen wurden die Vögel von dem reifenden Mais vertrieben. Frühkartoffeln und Wurzelfrüchte wurden geerntet.

Dezember-Januar
Jäten mit der Hacke förderte das Wachstum der jungen Pflanzen. Diese Arbeit machten Mann und Frau oft gemeinsam.

Zeittafel

Die Zeittafel gibt einen Überblick über die wichtigsten in diesem Buch erwähnten Personen, Ereignisse, Schlachten und Erfindungen. Die einzelnen Einträge wurden so angeordnet, daß man leicht dem Aufstieg und Niedergang der einzelnen Kulturen folgen und gleichzeitig auf einen Blick erkennen kann, was sich zur selben Zeit in anderen Teilen der Welt ereignet hat. Die Illustrationen zeigen einige der bedeutendsten Herrscher, Bauwerke und Ereignisse.

Sumerische Schreiber

um 3250 v. Chr. In Sumer wird die Keilschrift entwickelt.
um 3200 v. Chr. Die Sumerer erfinden das Rad (Verwendung als Töpferscheibe und Wagenrad).
um 3000 Die Cochise, Jäger und Sammler, leben in Nordamerika.

Bau einer Stufenpyramide in Ägypten

um 3000 v. Chr. Ackerbau in Mexiko und Peru
um 3000 v. Chr. Megalith-Kultur in Europa
um 2900 Hafenstadt Byblos in Phönikien
um 2750 Königsgräber von Ur in Sumer
2686-2181 Altes Reich in Ägypten
2650 Stufenpyramide von Sakkara in Ägypten

Großes Bad von Mohenjo-Daro im Industal

um 2500 v. Chr. Aufstieg der Indus-Kultur
um 2500 v. Chr. In Mesopotamien werden Gewichts- und Maßeinheiten entwickelt.
um 2500 Zentralasiatische Völker zähmen Pferde.
2500-2000 Ausbreitung der Glockenbecher-Kultur von Spanien nach Mitteleuropa
um 2350 Sargon vereinigt die Städte von Akkad und erobert dann Sumer.
2300 Erste bekannte Landkarte auf einer Tontafel aus Babylon
um 2300 Gebrauch von Töpferwaren in Mexiko und Guatemala
um 2130-1640 Mittleres Reich in Ägypten

um 1700 v. Chr. Die Kanaaniter führen ein neues Schriftsystem mit nur 27 Buchstaben ein.
1650 v. Chr. Aufstieg des Hethiterreiches in Anatolien
1650 Aufstieg des Stadtstaates Mykene in Griechenland
um 1600 Stonehenge in England wird errichtet.
um 1595 Babylonien wird von den Kassiten angegriffen.
um 1551-1070 Neues Reich in Ägypten
um 1500-1028 Shang-Dynastie in China
um 1500 Deir-el-Medina, das Dorf für die Erbauer der Pyramiden, entsteht.
um 1500 Erster Naß-Reisanbau in Korea
um 1500 Rinder und Ziegen werden in Westafrika gezähmt.

Die Stadt Ugarit in Kanaan

König Hammurabi läßt seine Gesetze aufzeichnen.

um 1800-900 v. Chr. Älteste Kulturen in Peru. Erste Dörfer entstehen.
1793-1750 v. Chr. Hammurabi ist König von Babylon.

Bronzeguß

um 2000 v. Chr. Beginn der Bronzezeit im Nahen Osten
um 1815-1500 v. Chr. Altassyrisches Reich
um 1800 Erste pferdegezogene Streitwagen im Nahen Osten

Stierspringen

um 2000-1450 v. Chr. Die Minoer errichten auf Kreta die großen Paläste von Knossos, Phaistos und Mallia.
um 2000 v. Chr. Das Hethiterreich entsteht in Anatolien.
um 2000 Untergang von Sumer und Akkad
um 2000 In Felszeichnungen in Schweden werden Skier dargestellt.
um 2000 In Ägypten sind Sonnenuhren in Gebrauch.
um 2000 Die Amoriter fallen in Sumer ein.

Sargon von Akkad

um 2100 v. Chr. Die Große Zikkurat (Stufenturm) wird im sumerischen Ur errichtet.
um 2000 v. Chr. Besiedlung der Inseln Melanesiens von Indonesien aus

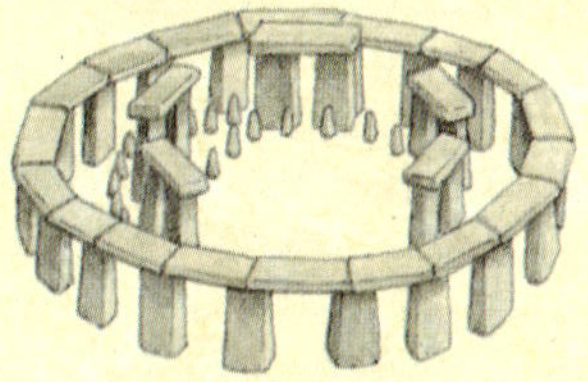

Stonehenge in England

um 1500 v. Chr. Untergang der Indus-Kultur
um 1500 v. Chr. Das Volk der Lapita, Vorfahren der Polynesier, breitet sich von Indonesien her aus.
um 1500 v. Chr.-200 n. Chr. Kultur der Olmeken in Mexiko

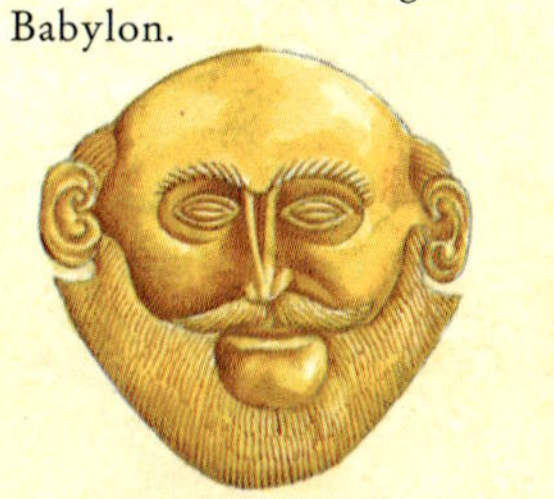

Mykenische Totenmaske

1450 v. Chr. Die Mykener fallen in Kreta ein.
um 1375-1047 v. Chr. Mittelassyrisches Reich

Ein Pharao des Neuen Reichs

um 1340 v. Chr. Tutanchamun, der Pharao des ägyptischen Neuen Reiches, wird im Tal der Könige beigesetzt.
um 1250 v. Chr. Trojanischer Krieg zwischen den Mykenern und Trojanern
um 1200 Entstehung der Urnenfelder-Kultur in Mitteleuropa, Vorläufer der Kultur der Kelten
um 1200 Die Israeliten kehren nach Kanaan zurück.

Seevölker

1200 v. Chr. Einfall der Seevölker im östlichen Mittelmeerraum
um 1200-1000 v. Chr. Aufstieg Phönikiens

Phönikische Kaufleute

um 910-610 v. Chr. Neuassyrisches Reich
um 900 Aufstieg der Chavin-Kultur in Peru
um 900 Einwanderung der Etrusker in Italien
um 900 Der »Rigveda«, eine Sammlung von 1000 Hymnen, entsteht in Indien.

um 1150 v. Chr. Zerstörung der mykenischen Burgen in Griechenland; dorische Wanderung
um 1025 v. Chr. In China wird die Shang- von der Zhou-Dynastie abgelöst.
1020 Übergang zum Königtum in Israel
um 1000 Die Phöniker entwickeln ein einfaches Buchstabensystem, die Grundlage auch unseres heutigen Alphabets.
um 1000 In Australien bildet sich über weite Entfernungen ein Netz von Handelsverbindungen zum Austausch von Schmuck und Rohstoffen.
um 1000 Gebrauch von Eisen in der Ägäis und in Mitteleuropa
um 1000 Lapita-Siedler auf Tonga und Samoa
um 922 Tod König Salomos; Teilung Israels in Juda und Israel

524-404 v. Chr. Ägypten wird von den Persern besiegt und besetzt.
um 500 v. Chr. Das Königreich von Meroë in Nordostafrika gewinnt unter den Königen von Napata an Macht.
um 500 Anfänge der Nok-Kultur im heutigen Nigeria
um 500 Die ersten Münzen in China
um 500 Keltische La-Tène-Kultur in Europa
um 500 In Westafrika wird zum ersten Mal Kupfer geschmolzen.
um 490 Die Griechen siegen über Perserkönig Dareios I. in der Schlacht von Marathon.

Terrakotta-Kopf der Nok

Persischer Palast, Persepolis

671 v. Chr. Die Assyrer erobern Ägypten.
um 612-539 v. Chr. Das Babylonische Reich hat Vormachtstellung im Nahen Osten.
um 563-483 Lebenszeit des Siddhartha Gautamas, genannt »Der Buddha«
559 Aufstieg des Perserreiches unter König Kyros II.
551-479 Lebenszeit des Konfuzius
um 550 Pythagoras entwickelt seinen Lehrsatz.

Geflügelter Stier aus Assyrien

um 750 v. Chr. Anfänge der keltischen Hallstatt-Kultur
um 705 v. Chr. Sanherib macht Ninive zur Hauptstadt Assyriens.

Die Königin von Saba besucht Salomo.

um 814 v. Chr. Die Phöniker gründen die Stadt Karthago in Nordafrika.
um 776 v. Chr. Die ersten Olympischen Spiele finden in Griechenland statt.
um 753 Gründung Roms

um 480 v. Chr. Die Griechen siegen in der Seeschlacht bei Salamis.
um 480-221 v. Chr. Zeit der Streitenden Reiche in China
431-404 Peloponnesischer Krieg; Athen unterliegt Sparta.
429 Perikles, der u. a. den Bau des Parthenon in Athen veranlaßte, stirbt an der Pest.

286 n. Chr. Maximian wird Mitkaiser Diocletians im Römischen Reich.
um 300 n. Chr. Aufstieg des Yamato-Reichs in Japan
300-200 Hopewell-Stämme verdrängen die Adena-Kultur in Ohio.
320 Begründung der Gupta-Dynastie in Indien
395 Teilung des Römischen Reiches in ein Weströmisches Reich mit Rom (bzw. Ravenna) und ein Oströmisches Reich mit Konstantinopel als Hauptstadt
400 Von Tonga und Samoa aus Besiedlung der polynesischen Inseln im Pazifik
400 Anfänge der Stadt Jenne am Niger
410 Die Westgoten plündern Rom.
451 Attila und seine Hunnen fallen in Gallien ein; Schlacht auf den Katalanischen Felsen.

Der Parthenon in Athen

um 400 v. Chr. Die Nabatäer bauen ihre Hauptstadt Petra in einen Felsenkessel.
um 399 v. Chr. Der griechische Philosoph Sokrates wird durch Gift hingerichtet (Schierlingsbecher).

Die Kampfelefanten des Königs Ashoka

um 387 v. Chr. Die Gallier zerstören Rom.
356-323 v. Chr. Lebenszeit Alexanders des Großen
um 300 Anfänge der Yayoi-Kultur in Japan
285 Bau des Leuchtturms auf der Insel Pharos vor Alexandria in Ägypten, eines der »Sieben Weltwunder«
um 272-231 König Ashoka ist Herrscher über das Maurya-Reich in Indien.

Die Chinesische Mauer

um 250 v. Chr. Maya-Kultur in Mittelamerika
221-206 v. Chr. Qin-Dynastie in China; Einheit des Reiches
um 217 Der Karthager Hannibal schlägt die Römer am trasimenischen See.
um 200 Kultur der Nazca in Peru
168 Judenaufstände gegen die Seleukiden-Herrschaft unter Führung des Judas Makkabäus

Römische Soldaten

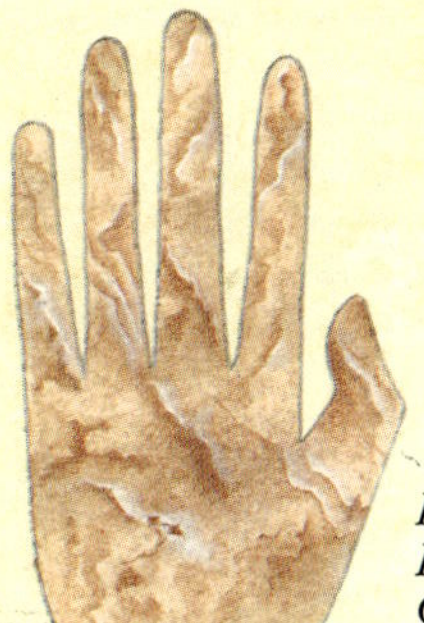

Hopewell-Hand aus Glimmerschiefer

Eine Königinmutter von Meroë

um 122 n. Chr. Die Römer errichten den Hadrianswall als Nordgrenze in Britannien.
um 150 n. Chr. Der Grieche Ptolemäus zeichnet eine Karte der bekannten Welt.
200-600 Blüte der Moche-Kultur in Peru
220 Untergang der Han-Dynastie in China
um 250 Verfall des Königreichs von Meroë

Schreiben auf Papier in China

79 n. Chr. Ausbruch des Vesuv; Untergang Pompejis
100 n. Chr. Aufstieg des altäthiopischen Königreiches Aksum
um 100 Erfindung des Papiers in China

Königin Boudicca

60 n. Chr. Königin Boudicca kämpft in Britannien gegen die Römer.
70-80 n. Chr. Erbauung des römischen Kolosseums
74 Römer zerstören die jüdische Bergfestung Masada; Ende des Judenaufstandes.

Zeitenwende v. Chr. - n. Chr.

1 n. Chr. Korbmacher-Kultur im Südwesten Nordamerikas; Ackerbauer
um 23 n. Chr. Wiederherstellung der Han-Dynastie in China
43 Die Römer erobern Britannien.
um 50 Aufstieg des Kushana-Reiches in Nordindien

Eisenverhüttung in Afrika

476 n. Chr. Untergang des Weströmischen Reiches
um 500 n. Chr. Bantu-Eisenschmiede in Südafrika
531 Aksum bekehrt sich zum Christentum.

Reise nach Mekka

571-632 n. Chr. Lebenszeit des Propheten Mohammed, Begründer des Islam
610 n. Chr. Heraklios I. wird oströmischer Kaiser; Beginn des mittelbyzantinischen Reiches.

Maya-Tempel

618-906 n. Chr. Tang-Dynastie in China
um 675 n. Chr. Blütezeit der Maya-Kultur in Mittelamerika

Der Palast von Chang'an in China

710-794 n. Chr. Nara-Zeit in Japan
745 n. Chr. Druck der ersten Zeitung in China
750 In Indien bekriegen sich drei Reiche.
756 Aufstand in Chang'an, Hauptstadt der Tang-Dynastie und Ausgangspunkt der Seidenstraße in China
768-814 Regierungszeit Karls des Großen

Australische Aborigines

Inka-Baumeister in Cuzco

1453 n. Chr. Eroberung Konstantinopels durch die Türken; Ende Ostroms
1462 n. Chr. Iwan III. eint Rußland und befreit es von den Tataren (1480).
1492 Fall Grenadas; Araber und Juden werden aus Spanien vertrieben.
1492 Christoph Kolumbus landet auf Cuba und Haiti.
1502 Der Italiener Amerigo Vespucci erkennt Amerika als selbständigen Kontinent.

Aztekenherrscher Moctezuma

um 1348-1352 n. Chr. Der Schwarze Tod (Beulenpest) tötet ein Drittel der Bevölkerung Europas.
1368 n. Chr. Gründung der Ming-Dynastie in China
1431 Die Jungfrau von Orléans wird in Rouen als Hexe verbrannt.
1436-1464 Moctezuma I. ist Herrscher der Azteken.
1438 Pachacutec begründet die Inka-Herrschaft in Peru.

Samurai

1187 n. Chr. Rückeroberung Jerusalems durch Saladin
1336-1405 Lebenszeit Timurs; ab 1370 Herrscher über das mongolische Reich
1337-1453 Krieg zwischen Frankreich und England

Tänzer von Angkor Wat

1096 n. Chr. Erster Kreuzzug ins Heilige Land; Einnahme Jerusalems
1155-1227 n. Chr. Lebenszeit Dschingis Khans, Begründer des mongolischen Weltreiches
1185-1333 Kamakura-Zeit in Japan; Aufstieg der Samurai

Polynesische Boote

um 950 n. Chr. Polynesier erreichen Neuseeland.
982 n. Chr. Wikinger siedeln in Grönland.
um 1000 Schießpulver in China bekannt
1050 Blüte des Khmer-Reiches in Südostasien

um 100 v. Chr. Die Hohokam breiten sich im Südosten Nordamerikas aus.
73 v. Chr. Spartakus führt einen Sklavenaufstand gegen die Römer.
44 Gaius Julius Caesar, römischer Diktator auf Lebenszeit, wird im Senat ermordet.
um 37-4 Herodes der Große ist König von Judäa.
31 Antonius verliert die Seeschlacht bei Actium gegen Octavian.
30 Cleopatra, Königin von Ägypten, und Antonius begehen Selbstmord; Ägypten wird römische Provinz.
27 Octavian wird erster römischer Kaiser. Er erhält den Beinamen Augustus.
5 Errichtung des ersten Shinto-Schreins von Ise in Japan
um 4 v. Chr.-29 n. Chr. Lebenszeit von Jesus Christus in Judäa

um 793 n. Chr. Beginn der Raubzüge der Wikinger in Europa
794-1185 n. Chr. Heian-Zeit in Japan; Heian (Kyoto) wird Hauptstadt.
um 800 Aufstieg Ghanas in Westafrika
um 800 Die Kultur der Aborigines in Australien ist voll entwickelt.
800-1800 Königreich Kanem-Bornu in Westafrika
868 Druck des Diamant-Sutra, des ältesten erhaltenen Buchs, in China
900 Beginn der Einwanderung der Mayas auf der Halbinsel Yucatan; Aufstieg der Tolteken in Mexiko
um 900 Kultur der Igbo Ukwu in Westafrika
907 Beginn der Expansion des Mongolenreichs in die Innere Mongolei und nach Nordchina
920 Beginn des Goldenen Zeitalters in Ghana

Register

Danksagung
Der Verlag möchte folgenden Personen besonders danken: Lynn Bresler für Hilfe bei der Zeittafel; Peter Bull und Richard Ward für zusätzliche Illustrationen; Michelle de Larrabeiti für Nachforschungen; Hussain Mohamed für Assistenz bei der Gestaltung.

Beratung für Karten und Globen: Roger Bullen, John Woodcock

Bildbeschaffung: Diana Morris

Erstellung des Registers: Lynn Bresler

Bildnachweise:
Ancient Art & Architecture Collection: 31 M.r., 35 M., 48 M., 55 o.r., 55 u.r.
Bodleian Library, Oxford: 5 u.r.
Bridgeman Art Library: 14 u. British Museum; 37 u.M. Christies, London; 40 o. Getty Museum, Malibu; 41 M. Bonhams, London
Trustees of the British Library, India Office Library: 54 M.r.
Trustees of the British Museum: 4 u.l., 8 o.r., 9 l., 10 u.l., 10 u.r.,14 M., 19 u.r., 21 u.r., 22 u., 24 o.r., 25 M.r., 26 M.r., 28 M., 28 u.l., 28 u.M., 30 u.M., 31 M., 32 u., 33 o.l., 33 M., 34 M., 56 M., 59 o.r.
J. Allan Cash: 39 o.
Lester Cheeseman: 46 M.l.
Chip Clark 1993: 9 u.l.
C.M. Dixon, Photoresources: 17 M., 20, 46 u.l.
E.T. Archive: 48 o. Bibliothèque Nationale, Paris
Mary Evans Picture Library: 35o., 37 o.l., 38 u., 50 M.l.
Chris Fairclough: 13 o.l.
Werner Forman Archive: 15 o.r., 44 o.r. Sudan Museum, Khartoum; 45 M. Entwistle Gallery, London; 45 u.l. British Museum; 51 u. Glenbow Museum, Calgary; 53 u. Auckland Institute
Robert Harding Picture Library: 4 M., 4 u.r., 6 u.l., 14 M.r., 14 u.M. Louvre; 15 u.r.; 29 M.l. British Museum; 37 M.r., 38 o., 40 u.; 42 u.M.r. Chester Beatty Library, Dublin; 43 M.r. Jack Jackson; 46 u.r., 49 M.r., 49 u.M., 49 u.r., 52 u.l., 54 o.r.,54 M.l., 57 o.r., 60 M.u. Rob Frerck; 61 o.l.
Michael Holford: 8 u.r.; 10 M., 11 o.r., 13 M., 14 o.l. British Museum; 17 o.r. Musée Guimet; 24 u.l., 36 M.l., 42 M., 45 u.r. British Museum; 47 o.r., 53 M.r.; 57 u.l. Musée Guimet; 58 M.l.; 58 M.r. British Museum; 60 M.
Hutchison Picture Library: 12 o.r. Liba Taylor; 13 o.l. Chris Parker; 17 u., 47 u.l., 51 M.r., 60 o. r.; 60 M.l. H.R. Dorig
Images Colour Library/Douglas Baglin: 52 o.r.
The Israel Museum: 22 M.l., 22 M.r.
Erich Lessing Archive: 26 u.l., 27
John Marr: 46 M.r.
McQuitty International Collection: 16 o., 17 M.r.
Nationalmuseet, Denmark/Kit Weiss: 19 o.r.
Ohio Historical Society, Columbus/Photograph D. Bakker: 50 u.
R.M.N. Paris: 26 M. Louvre; 30 M.l. St. Germain-en-Laye; 41 u. Louvre/Chuzeville.
Royal Pavilion, Art Gallery & Museums, Brighton: 19 M.r.
St. Louis Museum of Science & Natural History/Photograph D. Bakker: 51 o.r.
Scala: 7 u.l. Vatican Museums; 11 M; 21 M. National Museum, Athens; 21 u.M. Heraklion Museum; 24 El Prado; 33 o.r. National Museum, Naples; 37 o.r., 41 o.
Science Photo Library: Cambridge University Collection of Air Photographs 9 u.r.; Bruce Iverson 9 u.M.
Spectrum Colour Library: 23 o.
Zefa: 12 u.r., 13 M., 29 M.r., 38 M., 42 u.M., 42 u.M.l. Havlicek; 57 u.r.